JN022747

デフレしか経験していない人のための物価上昇2000年史

僕たちはまだ、「インフレ」のことを何も「知らない」

著 スティーヴン・D・キング 訳 千葉敏生

ダイヤモンド社

WE NEED TO TALK ABOUT INFLATION

by

Stephen D. King

© 2023 by Stephen D. King
Originally published by Yale University Press
Japanese translation rights arranged with Yale Representation Limited, London
through Tuttle-Mori Agency, Inc., Tokyo

はじめに

50年ぶりにインフレがやってくる

予期せぬインフレの再来。「日本の問題」が広がる時代。デフレへのこだわり。私が考える4つの懸念点。

デフレしか念頭のない世界に、インフレが帰ってきた

インフレーション（インフレ、物価上昇）が数十年にわたる冬眠から目を覚ましたのは、2021年のこと。政策立案者たちは当初、新型コロナ（COVID－19）に端を発する世界的な供給不足の影響で物価上昇が起きているのは、主に中古車や半導体などのごく一部の分野だけだ、と思い込んでいた。それ以外の物価はまだ「落ち着いている」ように見えたため、インフレが加速し始めてもなお、中央銀行家たちは金利の引き上げに踏み切れなかっ

た。インフレは一過性のものに違いない、と踏んでいたのだ。

ところが、**インフレは収まるどころか、いっそうの加速を見せる**。プーチン大統領によるウクライナ侵攻の決断。それにともなうエネルギー価格の上昇。これらの要因が1970年代（あるいはもっと前）以来となる高いインフレ率を招いた、というのは都合のよい説明ではあったが、実情はもう少し複雑だ。

実際には、あちこちで物価の上昇圧力が高まっていた。労働市場はその大部分が人員不足と賃金の急上昇に見舞われ、尋常でないほど「逼迫」した。一部の指標を見ると、「実質」金利（名目金利からインフレ率を差し引いた実質的な金利）は下落し、「独立性」を手に入れたはずの中央銀行は、政治的影響下にあった50年前の中央銀行と同じ過ちを繰り返しているように見えた。そうこうするうちに、ますます熱を帯びていくインフレ症状に見て見ぬふりをしていた人たちは、市場から金銭的な出血を強いられる瀬戸際にまで追い込まれていた。[*1]

インフレの再来は、世界経済の発展にとって一種の分水嶺《ぶんすいれい》といえる。**この30年間の大半の時期を通じて、政策立案者と投資家はいずれも、デフレーション**（デフレ、物価下落）**の危険性のほうにずっと目を光らせていた**。デフレとは、物価や賃金が上昇するのとは逆に下落し、金利がゼロまたはわずかなマイナスにまで下がっていく世界のことだ。

世の中では、先進国が次々と経済的な「日本化《ジャパニフィケーション》」に見舞われつつある、という危機感が高まっていた。そのため、インフレの再来は考えにくいどころか、まったく想像にない出来事だったのだ。

もちろん、日本が1990年代に体験した経済的栄光からの転落は、当初、ほかに類例のほとんどない「特殊な事例」だとされていた。ところが、2000年のアメリカのITバブル崩壊と、その8年後の世界金融危機の幕開けにより、当初「日本の問題」だとみなされていたものが、まったく新しい国際的次元を帯びるようになる。実際、ヨーロッパと北米では、高齢化が進行し、債務が膨らみ、資産価格が（当初）暴落し、銀行が続々とつぶれ、成長が停滞し、ますます多くの物価が下落していった。

インフレの深刻化を否定できない4つの懸念点

こうした状況下では、1970年代と1980年代の経済の主な筋書きを形づくったインフレとの戦いは、もはや遠い過去の記憶にすぎなくなった。私自身も間違いなく、もともとはデフレ（少なくとも、低すぎるインフレ率）が金融にとって唯一の脅威だと思っていた人間の1人だ。ところが、時間がたつにつれ、この「日本式のデフレ」という筋書きにますます違和感を覚えるようになっていった。そして、この問題について考えれば考えるほど、もはやデフレだけが唯一の脅威とはいえないのかもしれない、という確信を強めていったのである。

私の考えは4つの懸念点へと集約されていった。

―懸念点1―「よいデフレ」による利得が一転する

まずは1点目。**私たちが長年目撃してきた低インフレは、グローバル化の善良な影響の1つにすぎなかった**のではないか。簡単にいえば、安価な労働力を求めて資本が世界じゅうを巡ると、幸運にも先進国の住民である私たちは、いっそう安価な輸入品から潜在的な利益を得られる。すると、物価が賃金や利益に対して相対的に下がり、「実質所得」が押し上げられる。これは19世紀終盤に見られたような「よい」デフレの形だ。

しかし、私が前著『恐るべき新世界（*Grave New World*）』で警告したとおり、**グローバル化が逆回転を始めれば、この「デフレ」による利得が一転して「インフレ」による損失へと変わってしまう**恐れもある。[*2]

―懸念点2― ロックダウンの揺り戻しで需要が爆発的に伸びる

2点目。新型コロナパンデミックの発生により、経済学者や政策立案者たちのあいだで、「後遺症」に関する議論が盛んに交わされた。つまり、ロックダウンが終了しても、すぐには経済が「正常」な状態には戻らない、という説だ。すべての国の経済が同時に再開するわけではないので、当然ながら世界規模のサプライチェーンに支障が生じる。一方、パンデミック中の債務水準の急増は、将来的な成長見通しにとって重荷となる恐れがある。

しかし、私から見ると、パンデミックの後遺症はたいていの人々が見過ごしている重大なリスクを高めたように思えてならない。**最近になって一気に解放された「需要」に「供給」が追いつかなければ、その結果としてインフレが生じるのは自然な成り行きなのだ。**

一方、「よりよい復興《ビルド・バック・ベター》」〔元どおりではなく元どおり以上を目指す復興のビジョン〕を目指す各国政府にとっては、インフレの力を借りた「どさくさまぎれ」の債務解消は、経済的には不都合があるとしても、政治的には好都合な選択肢かもしれない。[*3]

―懸念点3― 金融政策が過剰に緩和されている

3点目。ロックダウンにともなう初期の経済活動の崩壊は、確かに1930年代初頭の大恐慌の最中と同じくらい大きいものだが、大恐慌との共通点はそこまでだった。今回は、銀行の破綻も、グシャリと音を立てるようなデフレも、大量倒産も、失業率の持続的な上昇も起こらなかった。融資保証、現金給付、一時帰休制度といった形の財政政策が、経済基盤の崩壊を防ぐ防波堤の役割を果たしたのだ。

しかし、**金融政策はというと、まるで今が大恐慌時代の金融崩壊の瀬戸際だといわんばかりに緩和された。**どうやらそんな崩壊は起こることはなさそうだ、とわかっても、金融引き締めの動きは目に見えて鈍く、気づいた頃には、物価安定という点で手遅れになっていた。

―懸念点4― 中央銀行による楽観的な思い込み

4点目。**中央銀行は、短期的に何が起ころうと、自分たちの政策に対する人々の信用は揺るがず、インフレが暴走することなどまずありえない、と思い込んでいたフシがある。これは深刻な歴史の読み違い**だと私は思う。

本書がパンデミックの最中やその後のインフレ問題に光を当てるため、過去を掘り下げていく1つの理由も実はそこにある。プーチン大統領にインフレの責任をなすり付けるのは事後的なご都合主義にすぎない（1970年代初頭の政策立案者がつくり上げた前例だ）。確かに、ロシアがウクライナに侵攻しなければ、インフレ率は多少抑えられていただろうが、本来の「目標値」にまで下がることはなかっただろう。

私はこれらの見解の一部を、ロンドンの『イブニング・スタンダード』紙の2021年5月の記事にまとめた。[*4] インフレについて同様の懸念を表明したのは、私だけではなかった。たとえば、アメリカ合衆国元財務長官のローレンス・サマーズや、大統領経済諮問委員会の元委員長のジェイソン・ファーマンも、アメリカのインフレ圧力の上昇について警告を発していた。[*5] 経済ジャーナリストのマーティン・ウルフは、『フィナンシャル・タイムズ』紙において、世界規模のインフレの再来について警告する記事を書いていた。[*6] かつて「インフレの死」を宣告した経済学者のロジャー・ブートルは、こんどはインフレの復活について記し始めた。イングランド銀行のチーフエコノミストのアンディ・ホールデンは、2021年2月、インフレリスクは上昇方向に偏っていると警告した。ブルームバーグのリチャード・クックソンはそれ以前から、インフレ問題の兆候を無視している人々に強烈な批判を浴びせていた。[*7]

私は先ほどの『イブニング・スタンダード』紙の記事で、「昨今のインフレ率の上昇が数カ月以内に収まると信じきっている人々がたくさんいる。その筆頭格が世界の中央銀行家たちだ」と記したうえで、こうつけ加えた。「わが国の政策立案者たちは、金融や財政の水門を開け広げている。1970年代初頭と同じく、経済のルール自体が変化してしまった可能性もある。（中略）だが、（中略）もはや存在しない世界にしがみつく政策立案者たちが過ちを犯すのは、こうした状況下なのだ」

インフレリスクをうまく管理する方法はある

今となっては、こうした過ちは火を見るよりも明らかになった。多くの中央銀行家たち（もっというと、エコノミスト全般）は今でも、現在の過大なインフレ率がやがて収まり、二度と再来しない、と信じているようだが。しかし、**そもそもなぜ警鐘は無視されたのか？** 何がまずかったのだろう？　それは中央銀行単独の責任なのか？　それとも、中央銀行家たちはインフレの許容を求める政治家たちに操られた盤上の駒にすぎなかったのか？　だとすれば、インフレの許容が生活水準、所得や富の格差、中央銀行自身、そして今後の政治的安定にとって意味することとは何か？

本書では、まず背景説明をしたあと、（ⅰ）インフレおよびインフレと貨幣の関係性の歴史、（ⅱ）印刷機とその誘惑、（ⅲ）インフレが及ぼす根深い非民主的影響、（ⅳ）インフレの解消につきまとう難問、について探っていきたい。次に、近年の失敗の数々を掘り下げ、**中央銀行家や政策立案者たちが採用すべき4つのインフレの「検証基準」を提言してみよう**と思う。締めくくりに、私が2000年にわたるインフレの歴史から読み取った緊急性の高い教訓14カ条を紹介し、将来的に、**インフレリスクをもう少しだけうまく管理するにはどうすればよいのか**、私なりの考えを述べてみたい。

インフレの再来を警告してきた人々のなかには、まったく別の理由をその根拠に挙げる者もいる。いちばんわかりやすいのは、高齢化が人件費に及ぼす影響だ。私はこのような外的ショックの議論とはおおむね距離を置いてきた。というのも、あれほど巨大な人口減少圧力にさらされながらも、さしたるインフレを生み出せずにいる日本という例外があるからだ。[*8] かわりに本書では、中央銀行、貨幣、政府、政治的選択が果たす役割のほうにスポットライトを当ててみようと思う。

インフレはおおむね冬眠を続けてきたが、本当の意味で死んだわけではなかった。本書の執筆時点でも、インフレは新たな復活を遂げつつある。なぜこのような現象が起きているのか？　取るべき対策は？　この2つは間違いなく、現代最高の経済的（ひいては政治的）疑問と呼ぶにふさわしいだろう。

僕たちはまだ、インフレのことを何も知らない　目次

第2章

インフレは、「予期せぬとき」にやってくる

第3章 政府は常にインフレの誘惑に負ける

第4章 インフレは「勝ち組」と「負け組」を生む

第5章 何がインフレ対策の成功と失敗を分けるのか

第6章

結局、今はインフレなのか

第7章 インフレ14カ条と次のステップ

本文中の（ ）は原注を、〔 〕は訳注を表す。

第1章 インフレが冬眠から目覚める

1970年代の子供時代を振り返って。イスタンブールの中心部に生じた歪み。価格メカニズムの崩壊。パンデミック後の高インフレへの言い訳。インフレより恐れられるデフレ。

私たちは「物価安定」の世界に慣れすぎた

1980年代終盤以降、インフレはますます歴史の遺物とみなされるようになった。1940年代終盤と1950年代初頭にインフレ率が一時的な高騰を見せたあと、1960年代終盤になっていっそう急速な物価上昇が始まり、1970年代になるとその勢いはさらに増した。ところが、それ以降、**ほとんどの人は「物価安定」の世界にすっかり慣れきってしまった**。[*1]

もちろん、不名誉な例外もあるにはあった。アルゼンチンとトルコの急激なインフレ。戦後ハンガリー、元ソ連構成国、そしてもう少し最近の例でいうと、ベネズエラとジンバブエのまぎれもないハイパーインフレ。

しかし、時代を経るにつれ、とうとう物価や賃金の高騰を徹底的に抑え込む究極の方法が見つかったように思えた。実際、あまりにも出来すぎに見えなくもなかった。2008年の世界金融危機以降、デフレ（物価や賃金が下落していく世界）はインフレよりも重大な脅威とみなされるようになり、西側の先進諸国が、デフレ日本の数十年にわたる景気停滞との戦いを後追いしつつある、という不安が広まっていった。[*2]

それでも、本書の執筆を始めたちょうどその頃、インフレは誰からも望まれない再来を果たそうとしていた。さらに悪いことに、1カ月、また1カ月と時が過ぎ、新たな章を書き上げるたびに、インフレ率はうなぎのぼりになっていった。

インフレが舞い戻った理由について、政策立案者たちの意見は一致を見なかった。新型コロナパンデミックを原因と見る者もいれば、プーチン大統領に罪をなすり付ける者もいた。しかし、**インフレの再来が、もしかするともっと根深い問題の表われなのかもしれない、と認める気概のある者は皆無に近かった。**

中央銀行家たちは、目先のインフレ率の上昇が一過性のものだと言わんばかりのインフレ予測を貫き、2、3年以内にはインフレ率が「目標値」（おおむね2％前後）に戻るだろう、と予測した。ほとんどの予測専門家たちも同様だ。かつてのような高インフレの世界に戻るなど、考えにくいどころか想像すらできないことに思えた。

しかし、その結論は、歴史の重大な読み違いなのかもしれない。インフレは、ときどき冬眠することはあっても、決して死ぬことはない。中央銀行家たちのお粗末な金融政策の手腕というよりも、刻一刻と変化する政治経済の情勢とインフレとの多面的な関係に呼び起こされるようにして、いつでもよみがえろうと身構えているのだ。

そして、インフレは政治的に「安易な逃げ道」を提供することもある。短期的に見ると、インフレ治療の痛みを受け入れるよりは、インフレにじっと耐えているほうがラクなこともあるだろうが、長期的に見れば間違いなく後悔につながる。これから議論していくように、インフレは密かに忍び寄る敵だ。そして、それは経済全体や政治的・制度的な構造をめちゃくちゃに破壊してしまうまぎれもない猛獣なのだ。

「インフレ」とは、お金《かね》の価値が失われていくこと

本題に入る前に、私の子供時代の話を1つ。1970年代に育った私は、本の購入とお

小遣いの受け取りをめぐって、かなり具体的な（そして頭の痛い）インフレを体験したことがある。本の頻繁な値上げだ（値下げは絶対になし）。

ずっと買おうと思っていたペーパーバックの裏面に印字された元の値段の上からシールが貼られ、新しい（必ず値上げされた）価格に修正されていることがあった。もちろん、シールをこっそりはがしてしまいたいという衝動に駆られたけれど、幸いシールの接着剤の強さが私の欲望を抑えてくれた。ときどき、まだシールを貼っていない本が運よく見つかることもあったが、ほとんどの場合は、数週間前より値上がりしたという現実を黙って受け入れるしかなかった。

それはインフレの1つの兆候だった。本はその1、2年前に印刷されていたし、内容、文章、ページ数、表紙はなんら変わっていないのに（シール以外）、それでも値段は上がっていた。（たぶん）定額のお小遣いに頼って暮らしていた私にとっては、最悪の知らせだ。「生活費」は上がっているのに、「賃金」は元のまま。

しかし、書店や出版社から見れば、それはむしろ大吉報だった。1972年に一定額の費用で生産した在庫を、1974年にずっと高値で販売できるのだから（当然、そのあいだに出版社のコストや書店の賃料も上がったわけだから、名目上の「利得」は上昇した賃金や強欲な家主のせいで吹っ飛んでしまったかもしれないが、それは私の知ったことじゃなかった）。

そのとき何が起きていたのか。本がたとえばソファ、カメラ、牛肉などと比べて高価になっていたというよりも、**貨幣（お金《かね》）が本と比べて、そして店頭で売られるほとんどの品物と比べて価値を失っていた**、と表現するほうが正しい。

もしも当時、エニード・ブライトン〔イギリスの児童文学作家〕の作品を売り買いできるまともな中古市場があれば、それを活用して一儲けができていたかもしれない。私が集めた彼女の『フェイマス・ファイブ』冒険シリーズを手元に残しておき、数年後、もう読まない年齢になったら、元より高値で売り払えばいい。残念ながら、当時はまだｅＢａｙのような中古市場なんて存在しなかったし、購入希望者を探すためだけに、（少なくとも当時の私にとっては）値の張る「案内広告」を新聞に出す余裕などなかった。

90年代のトルコで高級輸入車が爆買いされていた理由

しかし、それとまったく同じ方法でインフレに対処した人々もいる。物価の急激な上昇が起きている最中に、貨幣ではなくモノを蓄えるという方法だ。１９９０年代、トルコが目玉の飛び出るような高インフレに見舞われていたとき[*3]（過去に何度も繰り返されてきた出来事の1つだ）、トルコ最大の都市イスタンブールの一部の商人が、のちに高値で転売しようと冷蔵庫を溜め込んだ。現金よりもキッチン家電という形で蓄えるほうが、「貯蓄」を守るのに好都合だったのだ。

一方、トルコリラをたんまりと保有していた人々は、貯蓄を守るために高級輸入車を買いあさった。為替管理のせいで、リラをインフレに強い米ドル、独マルク、英ポンドに交換するのが難しくなっていたからだ。そうした「車好き」たちにとっては、急速に価値が目減りしていく国内通貨の上に座《ざ》して待つよりは、少しずつしか価値が目減りしていかない外国資産を保有しているほうが得策だったのだ。

トルコ社会全体のためを思えば、洗濯機は埃《ほこり》をかぶる倉庫よりは人々の自宅にあるほうがよかっただろうし、BMWのクーペやメルセデス・ベンツのリムジンの輸入は少ないほうが、トルコの国際収支にとってはよかったのかもしれない。しかし、何がなんでも「富」を守りたい人々にとっては、洗濯機や高級車を貯蔵するのは魅力的な選択肢だった。

このように、**インフレは非常に奇妙なインセンティブを生み出し、経済的な意思決定を歪めてしまう**。本来なら不合理なはずの選択を、完全に賢明な選択へと変えしまうのだ。

子供時代の私の本の購入体験を例に取ろう。インフレのペースについていくためには、新たな価格シールを貼り付ける余分な人員を雇う必要があった。それはインフレさえなければまったく必要のなかった役割だ。そういう意味で、インフレは本来無用な仕事を生み出し、人々をものすごく奇妙な選択へと追いやってしまう、ということがわかると思う。

価格があるから、経済は効率的になる

もちろん、インフレのあるなしにかかわらず、価格は四六時中変動する。たとえば、八百屋の生鮮野菜は普通、在庫の一掃が必要な1日の終わりにかけて安くなっていく。ある時点での航空機座席の「需給均衡」価格はアルゴリズムによって計算される。その結果、明日の価格が今日の価格と異なる可能性が生まれる。

スーパーでおなじみの「2個買えば3個目無料」セールは、不要な在庫を処分するためのメカニズムだ。ときには、単純に製品のサイズを小さくして実質的な「値上げ」を行う企業もある。たとえば、今日のマーズバー〔マーズ社のチョコレートバー〕は、重量で見ると1990年代と比べてだいぶ軽くなった。[*4] そして、技術進歩のおかげで、その場で価格を変更するのは、時代を経るごとにどんどん簡単になっている。かつての非効率的なやり方がウソのようだ。

しかし、これらの例の多くは、特定の品物の価格がほかの品物と比べて上がる（または下がる）という、「相対的」な値動きの話だ。このような値動き自体は、実はインフレ（価格が

継続的な上昇傾向にある世界）の兆候でもなければ、デフレ（価格が継続的な下落傾向にある世界）の兆候でもない。むしろ、アダム・スミスが提唱した「見えざる手」が作用している例なのだ。スコットランドの偉大な経済学者・哲学者であるスミスは、名著『国富論』で、利己的な商人の思惑や行動への風刺を込めつつこんなふうに述べた。

もっとも、各人が社会全体の利益のために努力しようと考えているわけではないし、自分の努力がどれほど社会のためになっているかを知っているわけでもない。（中略）生産物の価値がもっとも高くなるように労働を振り向けるのは、自分の利益を増やすことを意図しているからにすぎない。だがそれによって、その他の多くの場合と同じように、見えざる手に導かれて、自分がまったく意図していなかった目的を達成する動きを促進することになる。そして、この目的を各人がまったく意図していないのは、社会にとって悪いことだとはかぎらない。自分の利益を追求するほうが、実際にそう意図している場合よりも効率的に、社会の利益を高められることが多いからだ。[*5]

この見えざる手に相当するのが価格メカニズムだ。私たちはみな、程度の差こそあれ、見えざる手に反応している。ある製品の価格が上昇すれば、消費者は購入量を減らすかもしれないし、供給者はやがて生産量を増やすかもしれない。**無数の市場の需要と供給に関する情報を提供してくれるのが価格という存在**なのだ。

常日頃、私たちは結果について深く考えることもなく、こうした価格シグナルに反応するのだが、そうして反応することで、自分自身だけでなく他者の行動をも変化させる。巧妙な数学的モデルによると、一定の（非現実的とはいえ）重要な仮定の下では、価格メカニズムこそが最も効率的な経済的結果を生み出すのだという。それは、ほかの誰かが損することなしに、誰かが得することはありえない、という意味での効率性だ。[*6]

何より、これらのモデルはまた、ほかの経済的枠組み（計画経済や、もっというと企業内部や公共部門全体でよく見られる「非市場」経済）では、同水準の効率性はなかなか実現しない、ということも示している。価格「情報」なくして、消費者の嗜好や供給不足の発生を計り知るのは難しい、というわけだ。

ロックダウンで価格情報が消えた

価格情報の重要性が（思ってもみない形で）浮き彫りとなったのは、新型コロナパンデミックの最中だった。**たび重なるロックダウンにより、いくつもの市場が閉鎖された結果、多**

くの価格情報が単純に入手不能になってしまった。なかにはほぼまるまる姿を消した市場もあった。レストランや劇場、ホテルは何カ月も閉鎖され、世界的なサプライチェーンは寸断された。外国人労働者は帰国の途につき、その他の労働者も引退や地方移住を余儀なくされ、求人は止まった。

その後、ロックダウンが終了し、市場が再開すると、特殊な「経済的無知」の状態が浮き彫りとなった。**世の中の根底にある需給状況は疑いようもなく変化していたのに、多くの価格は数カ月前と変わらず氷漬けの状態に。**ウェイター不足が深刻化していたが、ウェイターの賃金はパンデミック前と変わらないまま。レストランが顧客に提供するメニューの価格には、新たなウェイター不足が生んだ人件費の上昇分がまったく反映されていなかった。

消費者はたび重なるロックダウン中に貯め込んだ現金で新車を購入しようとしたものの、世界的な部品不足が順番待ちを長引かせ、中古車の需要と価格の両方が空前の伸びを見せた。引退や転職を決めたロンドンのタクシー運転手が新人と入れ替わることはなく、土曜日の夜、多くの客が帰宅の足を失うはめになった。

インフレの影響はロックダウンの影響とまったく同じではないが、それでも重なる部分はある。いちばんわかりやすいところでいうと、インフレ率自体、なるべく多くの市場が

「生きて」おり、価格が絶えず記録されている状況でないとうまく測定できない。

イギリスで毎月のインフレデータの集計を担う国家統計局は、新型コロナパンデミックの最中、かなりまずい立場に追いやられた。平時よりも多くの価格を考慮する必要があったのに、一部の価格が歪んでいたのだ。そういう意味では、パンデミック中のインフレデータは、平時よりも「虚構」に近かったといっていいだろう（そして、その「平時」でさえ、実は消費者物価は想像以上に虚構に近い。実際イギリスでは、標準的な工具箱に含まれる工具の価格は、ドライバーの価格で代理される。ドライバーの形状とサイズにかなりのばらつきがあることを考えると、おかしな話だが）。[*7]

たとえインフレ率を「正確に」測定できたとしても、やはりインフレは歪みを生み出し、ひいては真の経済情勢を見極めづらくする。まるで、経済的現実に対する私たちの認識を歪めるためだけにある、ランダムにたわむレンズを通して世界を観察させられるようなものだ。こうなると、相対的な値動き（供給不足や供給過多を表わす値動き）と全般的な値動き（単純に貨幣価値の相対的な下落を表わす値動き）とをリアルタイムで見分けるのは、限りなく不可能に近くなる。

私の子供時代の体験がその例だ。年に3、4回、本が値上がりするのに、私のお小遣いが年に1回しか上がらなければ、私の購買力が本の値上がり分に（願わくは）追いつき、（運よく）追い越すまで、「遅れを取る」期間が生じるだろう。ところが、リアルタイムでは、本の価格がその他の物価と比べて相対的に上がっているのか、下がっているのかを確実に判断する手立てなどなかった。特に、私のお小遣いが本の価格に合わせて上昇するのかどうかなど、知る由もなかった。

インフレは、勝ち組と負け組を「気まぐれ」に生む

さて、このプロセスを社会全体で無数に繰り返すとどうなるか。きっと、一時的な（または恒久的な）勝ち組と負け組が生まれるだろう。負け組の人々は、幸運な勝ち組が上げた棚ぼた利益にどんどん怒りを募らせ、社会全体の信頼が急速に失われ始める。**インフレはいわば、一部の人たちから資産をむしり取り、残りの人たちに分配する、気まぐれで不公平なメカニズム**なのだ。

特に大打撃をこうむりやすいのは、限られた現金しか持たない人々、つまり貧困層や年金受給者たちだ。貯蓄を「保護」するための金銭的な余裕や知識に乏しいからだ。一方、政府、住宅購入者、一部の企業など、**借り入れの多い人々や組織は最終的に勝ち組に回る**かもしれない。借り入れコストは上昇するとしても、負債が増加中の所得と比べて相対的に

目減りしていく可能性が高いからだ。いつでもストライキを実行できる労組加入の労働者も、「インフレ率を上回る」賃上げの交渉に成功することが多い。逆に、個人事業主や零細企業の労働者は、賃金の伸びがインフレ率に及ばない可能性が高いだろう。支配力を持つ企業は、コストの増加分（やそれ以上）を気安く顧客に転嫁できるが、そうした企業への供給業者や、競争の激しい環境で働く人々は、より厳しい状況にさらされると考えていい。

どの社会にも、少なくとも相対的な意味での勝ち組と負け組が存在する。ある程度までなら、このプロセスは理解できるし、許容もできる。ほとんどの人は、イーロン・マスクやジェフ・ベゾスが貯め込んだ財産にやきもちを焼いたりはしない（国家を食い物にする独裁者が貯め込んだ資産には抗議の声を上げるかもしれないが）。また、私たちはしぶしぶとはいえ、一部の業界やその労働者たちが苦境に陥るのはやむをえない、とも認めている。そして、計画経済における公有化から、自由市場経済における臨時課税や給付制度まで、国家干渉を通じてこうした富、所得、機会の不平等の影響に対処するよう期待するのだ。

国民の富を「密かに」没収する凶悪な手法とは

しかし、インフレは、勝ち組と負け組をずっとランダムで気まぐれに生み出す手段といえる。一言でいうなら、きわめて非民主的なプロセスなのだ。ジョン・メイナード・ケインズ（1883〜1946）がヴェルサイユ条約の交渉中にこう主張した1つの理由もそこにある。

レーニンはこう語ったと伝えられている。資本主義を破壊する最善の方法は、通貨を堕落させることだと。政府はインフレを継続することで、密かに、気づかれることなく、国民の富のうち、かなりの部分を没収できる。[*8]

レーニンが実際にそう主張したのかどうかは、この際どうでもいい（彼の好む革命活動のやり方は、暴力と印刷機の組み合わせだったようだ。データの入手は困難だが、新生ソ連のインフレ率は天井知らずだったと思われる）。また、民主主義国ではインフレという道を選択した政権が選挙で退陣させられる可能性がある、という事実をレーニンが正しく認識していたのかどうかは、永遠にわからずじまいだろう。

それでも、十中八九つくり話であるこのエピソードには、一抹の真実が含まれる。**インフレは事実上、富に対する隠れた税金として作用し、政府財政にとっての救世主になりうる**のだ。特に影響を受けやすいのは、貯蓄を現金や低利回りの国債という形で保有する人々だ。現金や国債を持っていたところで、実物資源に対する請求権は日に日に目減りしていくだけだからだ。逆に、政府の財政は改善していく。インフレ率が金利を上回っている（つまり、いわゆる「実質」金利がマイナスである）かぎり、既存の国債の価値は「インフレ」を続ける国民所得と比べて相対的に下落し、その国債の利払いの負担がどんどん軽くなっていくためだ。

このようなインフレを悪用した富の収奪の例は山ほどある。その多くは、政治的な目標や制約が経済的・外交的な現実とぶつかる状況と結び付いている。第一次世界大戦後のドイツとオーストリアのハイパーインフレや、アルゼンチン歴代政府と国内外の債権者とのあいだの数十年来の闘争はその最たる例だろう。これらのエピソードの多くが明かすのは、インフレは緩和的すぎる金融政策が賃金や物価の上昇を招く単なる技術的なプロセスとは程遠いものである、という事実だ。短期的な政治的観点から見れば、インフレは一種の逃げ道とみなすことができる。いわば、貯蓄を持つ人々に対して「こっそりと」課税する手段だといっていい。

エドマンド・ドゥ・ヴァールが著書のなかで印象深く描いているように、[*9]ウィーンのエフルッシ家（もともと黒海での穀物貿易で財をなし、西ヨーロッパに移住したユダヤ人の財閥）は、財産の大部分をオーストリア＝ハンガリー帝国の戦時債券に投資し、新たな母国への愛国心を形で示した。しかし、第一次世界大戦後、インフレによって債券が紙切れ同然になると、ウィーンのエフルッシ家はほぼ無一文になってしまう。さらに悪いことに、エフルッシ家が示した金銭的な愛国心は、1920年代になると何の価値も持たなくなった。悲劇的なことに、ヨーロッパの大部分で反ユダヤ主義が政治的に有効な選択肢となってしまったからだ。

政府によるインフレの容認は、絶望の始まり

こうしたインフレに乗じた略奪行為は、深刻な影響を及ぼす。財政の改善につながるからと、多少のインフレを容認する政府や中央銀行は、市民たちから思わぬしっぺ返しを食らう可能性が高い。簡単にいえば、**人々が金融当局や財政当局への信頼を失い、ますます貨幣を手放そうとする恐れがある**のだ。第一、どんどん価値が目減りしていくことを政府が実質保証している資産を手元に残しておく理由がどこにあるだろう?

為替管理や資本規制のない変動通貨の世界では、こうした現象が最も直接的な形で起こるのが外国為替市場だ。ほかの通貨と比べて信用されない通貨は、価値が下落していく可能性が高い。現金のだぶついている人々がこぞって資産を「より安全」な通貨に交換しよ

うとするからだ。

すると、「自国通貨の価値が下落している」国では、輸入価格が上昇し（一定量の外貨を購入するために支払わなければならない国内通貨の量が増えるため）、巡り巡って、こんどはより全般的な国内インフレが起きるかもしれない。小売業者は輸入価格の上昇分を値上げという形で転嫁しようとし、労働者は値上がり分を賃上げという形で埋め合わせるよう要求するだろう。

もしもこうした状況で、政府や中央銀行が外国為替市場における自国通貨の下落に関心を示さず、静観を貫いたらどうなるだろうか。いずれ、通貨の拒絶がますます国家的な（ひいては国際的な）問題へと発展していくかもしれない。それは一刻も早く国内の現金残高を解消したいという欲求になって表われる。

通常は、国内通貨を「強い」外国通貨に交換したり、あるいは1990年代のトルコが体験したように、インフレに強い「物的」資産を取得したりする、という形を取る。肝心なのは、このプロセスが自己実現的な性質を持つ、という点だ。

たとえば、アメリカで当局が物価安定の実現をサボっているという認識が広まり、多くの人々がインフレ率の持続的な上昇を危惧しているとしよう。現金貯蓄から耐久消費財への交換を決める人々が十分に多く現われれば、耐久消費財の価格は上昇し、店の陳列棚はスカスカになるだろう。すると、ある時点で、当局は貨幣の「増発」を決めるかもしれない。新たな高値に見合う需要増加を実現するのに十分な現金をつくり出すためだ。残念ながら、その行為は、当局が国内通貨の価値安定に無関心である、という人々の認識をいっそう強化するにすぎない。

こうなると、誰もが我先にと残りの国内通貨を手放そうとするようになる。こうして、**通貨の堕落に対する一抹の不安にすぎなかったものが、ハイパーインフレという現実に姿を変える**のだ。ハイパーインフレは、単なる貨幣の印刷をめぐる物語ではない。これから見ていくように、価値貯蔵手段と交換手段という貨幣の役割に対する信用の崩壊の表われでもあるのだ。

インフレの治療なくして、失業率は下がらない

インフレが毎回ハイパーインフレに発展する、と主張するのは的外れだろう。貨幣が壊滅的なペースで価値を失っていくハイパーインフレは、経済に大打撃をもたらし、革命や無数の政治的暴力を呼び寄せる。ほとんどの国の政府や中央銀行は、こうした最悪の結果を未然に防ぐために十分な努力を払っているのだが、「貨幣を積極的に破壊しないこと」は、

「貨幣の価値を安定化させること」とはまったく別物だ。この両極端な結果のあいだには、多様な結果があって、しかもその結果は時代とともに変わっていくこともある。

1970年代、一部の国々のインフレは、黙って耐えるしかない不運な病気とみなされていた。というのも当時は、失業率の低下のほうが優先課題だったからだ。当時の世代の政策立案者にとって、失業率の低下は理解できなくもない目標だった。というのも、1930年代の大恐慌時代に育った彼らは、まぎれもない大量失業の記憶に取り憑かれていたからだ。

一方で、1970年代が進むにつれ、**インフレの治療なくして失業率を下げる近道はない**、という事実がますます明らかになっていく。その事実が政策に反映されるには、政策分野における知的な革命、そしていずれは政治的な優先順位の抜本的な変化が必須だった。そんな変化が一夜にして起こるとは考えづらく、そして実際に起こることはなかった。

インフレ期を特定することは、あとから見れば比較的たやすい作業だ。多くの場合、特に20世紀に入ってからは、インフレの存在を実証するのに十分な信頼できるデータが存在するからだ。ところが、**現実には国家がインフレの「隠蔽」に走るケースもある**。インフレを正式に否定すれば、インフレの恐怖に蓋をしておける、という期待があるからだ。

皮肉にも、この路線を選択するのは、たいてい最悪のインフレを記録した国々だ。クリスティーナ・フェルナンデス・デ・キルチネル政権下（２００７〜２０１５年）のアルゼンチンの統計専門家たちは、インフレ率が実際よりも緩やかに見えるよう、同国のインフレデータの「改ざん」を事実上指示されていた。とりわけ国際通貨基金（ＩＭＦ）の不評を買ったこの「隠蔽」は、同国の金融当局や財政当局への信用をいっそう傷つけただけだった。[*10] ちなみに、アルゼンチンの平均年間インフレ率は２００７年から２０１３年までが９・２％だったが、ＩＭＦによれば、２０１３年から２０２０年までが１３２％に及んだそうだ。

楽観的なバーナンキが陥った２つの間違い

しかし、インフレ期（さらにいえばデフレ期）と物価安定期を確実に区別するのはわけもないにせよ、安定から不安定への移行の理由を説明するとなると、そう一筋縄ではいかない。この数十年間、多くの人々がインフレを遠い昔の話だとみなすようになった。確かに、世界の一部の貧困国は相変わらずインフレの問題に悩まされているが、北米、ヨーロッパの大部分、そして何より日本にとって、インフレはとっくに政策の背景へと退いたように見えた。主に物価安定を担う独立機関である中央銀行の設立により、インフレを意図的に生み出したいという政治的な誘惑は姿を消した。

そのあいだ、物価安定の手柄を大いばりで独り占めしてきたのが中央銀行家たちだった。2004年、連邦準備制度理事会（FRB）議長に就任する2年前に、当時の一理事にすぎなかったベン・バーナンキはこう主張した。

金融政策はおそらく、インフレ率の変動性の低下だけでなく（この点については特に議論の余地はない）、産出量の変動性の低下にも重大な貢献をしてきたと考えられる。（中略）私は未来を楽観的にとらえている。金融政策立案者たちが1970年代の教訓を忘れることはない、と確信しているからだ。[*11]

この楽観は、少なくとも2つの点で的外れだった。

――間違い1――インフレ率が低くても金融危機が起こった

第一に、2008年の世界金融危機によって、インフレが表面的に抑えられていたとしても、経済の崩壊は起こりうる、ということが明らかになった。まともな経済史家なら、すでにこの事実を知っていた。たとえば、1929年のウォール街大暴落とその2年後の大恐慌に先立って、さしたるインフレは見受けられなかったからである。そう考えると、

1930年代のアメリカ経済史に精通するバーナンキが、両者の関連性を強調しなかったのは意外に思える。

間違い2　中央銀行家はコロナ後のインフレに対処できなかった

第二に、新型コロナパンデミック以降の不意を突く急激なインフレによって、中央銀行の専門家ならインフレに楽々対処できるはず、という幻想が打ち砕かれた。もし中央銀行にそんな能力があるなら、なぜインフレ率はこれほど急上昇したのか？　なぜFRB現議長のジェローム・パウエルは、インフレが「一過性」のものであるという当初の説明をのちに撤回し、インフレが思った以上の難題だと認めざるをえなくなったのか？　なぜイギリスで、一時的だと思われた現象が「生活費危機」〔インフレにより必需品の価格が上昇し、実質的な可処分所得が減少する状況〕へと急速に転換を遂げたのか？　なぜデフレ下のヨーロッパがインフレ下のヨーロッパへと急転換したのか？

インフレ率がここ40～50年で最高になっている

ここで、パンデミックから生じたインフレショック〔経済用語で「ショック」とは、経済に大きな影響を及ぼす想定外の出来事のこと）に歴史的文脈をつけ加えておこう。**２０２１年、アメリカのインフレ率は、１９８１年以降で最高となる平均７・０％を記録した。**同年のイギリスのインフレ率はずっと緩やかな２・６％と、正式な目標値である２％をわずかに上回る程度だったが、２０２２年終盤にかけて１９８０年代初頭以来最高となる２桁％まで急上昇した。ユーロ圏のインフレ率も２０２２年終盤に２桁％まで到達し、１９９０年代終盤に初めて統計が取られて以来の最高値を記録した。ドイツだけを取っても、インフレ率はおそらく１９４９年の連邦共和国成立以来の最高値を記録したと思われる。[*12]

これほどの率のインフレは、経済予測界ではほぼ想像がつかなかった。上昇の原因が何であれ、**業界全体にインフレリスク自体を認識する想像力が欠けていたのはまぎれもない事実だろう。**結局、３つの地域すべてで、インフレ率は数カ月前の予測の最高値をも上回った。来る月も、来る月も、インフレ率は予想を容赦なく上回っているように見えた。

もちろん、パンデミックに端を発する短期的な供給制限や、２０２２年のロシアによるウクライナ侵攻がエネルギー価格や食品価格に及ぼした影響を、こうした結果の「言い訳」に挙げるのは簡単だ。実際、中央銀行はすぐさまそうした言い訳に走り、インフレ率の上昇の大部分は金融政策とはほとんど無関係であり、おおざっぱにいえば「不運」によるところが大きい、などと弁解した。

インフレの暴走がいずれ収まると確信していた中央銀行家たちは、急激なインフレの初期段階では金利を据え置いていた。最初のささやかな利上げが行われたのは、ようやく2021年末から2022年初めにかけてのことだ。

それでも、インフレ率と政策金利の差はしばしば広がり続ける。金利自体は上昇していたのだが、インフレ率の上昇スピードにまったく追いついていなかったのだ。金融引き締め〔貨幣供給量の制限や利上げなどにより、景気の過熱やインフレを抑えるための金融政策の1つ。↔金融緩和〕の躊躇は、インフレ率の上昇が本当に一時的なものである、という認識の表われだった。

その認識を裏づける証拠がインフレ予想〔人々が持つ物価の先行きに関する見方のこと。インフレ期待とも〕の指標だった。当面のあいだ、インフレ予想は比較的安定しているように見えた。つまり、一般の人々と金融市場の参加者のどちらもが、中央銀行家たちと同じくらい、インフレに対して気を抜いていた、ということだ。

お金《かね》への信頼は一瞬で反転する

しかし、こうした見方には、健全な疑念をもって向き合う必要があるだろう。歴史がたびたび実証してきたように、**通貨（そして、通貨の管理者）に対する人々の信頼は、驚くほど目まぐるしく変化する**ことがある。最善の意図を持った政策立案者でさえ、ときには誤りを犯す。特にその傾向が強いのは、集団思考にはまり込み、歴史の教訓を漫然と無視したり、誤解したりしてしまう人々だ。

そして、中央銀行家たちがいかに「独立」した存在だとはいえ、政治的な影響から逃れられる保証はない。実際、政治家たちは中央銀行の使命に調整を加えられる（実際に加えてきた）し、通常は中央銀行の主たる意思決定者の任命権を持つ。何より、中央銀行家自身も、政治的な「現実」を無視すれば、いずれ独立性を奪われたり、少なくとも自身の2期目の再任を逃したりするかもしれない、とわかっている。

さらに悪いことに、中央銀行家たちは、金融政策（中央銀行の仕事）と財政政策（政府の仕事）の範囲がオーバーラップするという、むず痒《がゆ》い現実に直面することもある。世界金融危機を受けて始まった量的緩和政策はその好例であり、その後、完全な中毒性を帯びることとなった。[*13] 詳しくは第3章で。

した。

経済は、私たちの「経験則」に左右される

もちろん、政治論争に流されまいとする中央銀行家もいるだろう。しかしそれでも、物価安定が叶う保証はないのだ。先に登場したバーナンキは、失業率とインフレ率が同時に急上昇した1970年代の「スタグフレーション」期の経済的経験を振り返り、こう指摘した。

第一に、この期間、中央銀行家たちは、積極的な金融政策によって産出量に対するショックを相殺し、失業率を恒久的な低水準へと抑えられる、と楽観視しすぎていたようだ。第二に、金融政策立案者たちは、当時のインフレ問題に対する自分たちの責任を過小評価し、インフレが主に非貨幣的な要因から生じたものである、と信じ込んでいたようだ。（中略）この期間の政策立案者たちはますます、インフレの責任を貨幣的な要因ではなく、いわゆるコストプッシュ・ショックになすり付けるようになっていった。コストプッシュ・ショックとしては、当時の枠組みでは、労組の賃上げ圧力、寡占企業による値上げ、供給状況の逆転がもたらした石油や牛肉などのコモディティ価

格の高騰といった、多様な要因があった。[*14]

簡単にいえば、技術的変化、国際競争、物価ショックなどによって経済そのものが進化するだけでなく、**経済に対する私たちの考え方もまた進化する**、ということだ。**どう進化するかは、長期間にわたる私たちの集団的な経済的経験によって決まる。**

ほとんどの人は、数式だらけの複雑な経済モデルを頭に入れて持ち運んでいるわけではなく、かわりに経験則のほうを用いる。しかし、その経験則は経済環境の変化に応じて変わることがある。そうなると、平均的な中央銀行家の直面する課題はいっそう困難になり、銀行家自身の複雑なモデルが崩壊してしまう。というのも、そうしたモデルは私たちの経験則が永久に変わらない、という暗黙の仮定に基づいているからだ。

しかし、私たちが集団としてかつての経験則を捨て去ろうとしているとしたらどうだろう。**私たちの経験則が永久不変であるという前提に基づく中央銀行家たちの経済観は、どんどん不正確なものになっていく**はずだ。

1970年代当時、政策立案者の典型的な目的は、失業率を最小限に抑えることだった。一見すると、それは完璧に合理的な目的に思える。「失業率をなるべく低く抑えるべきだ」という考えに反論できる人がどこにいるだろう？　しかし、そのメッセージは明白だった。

中央銀行はインフレ率の上昇に対応するつもりはない。対応すれば労働市場の目的が脅かされるし、インフレは一般的に「非貨幣的な現象」、つまり判断ミスではなく不運により生じた結果だとみなされていたからだ。単純に、物価安定の実現はマクロ（巨視的）経済政策の目的の1つではなかったのだ。

この方針はいわばインフレの無法状態を生み出した。企業にとってのメッセージは単純明快だった。「できるかぎり価格を上げ、一刻も早くコスト増を顧客に転嫁しなさい」。労働者、特に強力な労組加入の労働者にとっても、メッセージは同じくらい単純明快だった。「あなたの仕事は政府によって実質保証されているのだから、できるかぎり賃上げを要求しなさい」。政策立案者が取る対策といえば、主に価格と所得に制限を課すことくらいだった。

しかし、インフレはすでに見えざる手を歪めていたので、こうした政策は状況を悪化させる一方でしかない。市場が正常に機能しないなか、インフレを退治しようとすれば、非効率性は大きく、成長率は低く、失業率は高くなるばかりだった。

不確実性が高い現代で、どのように政策を転換すべきか

2020年代まで時計を早送りすると、似たような問題が表面化した。世界金融危機以降の年月を特徴づけたのは、高すぎる、ではなく低すぎるインフレ率だった。**中央銀行家たちは心の底から、高インフレの時代がどんどん過去の遺物になりつつある、と信じ始めていた。**

この表面的な成功に対する中央銀行家たちの説明は竹を割ったようにシンプルだった。いわば、成功が成功を生んだ、というのだ。**インフレ率の低い期間が長くなればなるほど、人々は今後も低いままだろう、と信じ込んだ。**中央銀行の言葉を借りるなら、金融政策が完全に信用できるものになったわけだ。こうなると、必要なのは最小限の金利調整だけだった。

中央銀行が行動するたび、人々は中央銀行の意図を完全に理解し、それに応じて自分自身の予想を調整する。この世界では、インフレ率を上回る賃上げを要求するのはまるで意味がないだろう。インフレは事実上、完全に死んだのだから。

公正を期すために言っておくと、中央銀行家の全員がこのかなり独りよがりな結論に達

したわけではない。欧州中央銀行（ＥＣＢ）役員会のイザベル・シュナーベル理事は、２０２２年５月にこう指摘した。

インフレの原因が主に世界的な要因だからといって、金融政策がいつまでも脇役でいられるとか、脇役のままでいい、ということにはならない。その逆に、絶え間ない世界的なショックの数々は、インフレ予想を確実につなぎとめることが今までになく重要になってきた、ということを意味している。

そして、現在の高インフレが人々の予想のなかに定着するリスクが増大するなか、物価安定を守るための金融政策の緊急性は、この数週間でますます高まっているといえよう。[*15]

しかし、ＥＣＢのほかの面々は細心の注意を促した。パンデミックにともなうロックダウンを経験した世界経済が直面する大きな不確実性と、ロシアによるウクライナ侵攻がインフレと実質所得の両方に及ぼしている影響を踏まえれば、「漸進主義」（順を追って少しずつ変化をもたらそうとする考え方。↕急進主義）に従うのが正しい、と訴えたのだ。同じくＥＣＢ役員会の一理事であるファビオ・パネッタはこう述べた。

政策変更が経済に波及するかどうかが不確かな場合には、漸進主義の考え方が必要だ。こうした状況では、慎重に行動し、漸進的な調整に経済がどう反応するのか様子を見るのが、最適な政策といえるだろう。[*16]

パネッタが漸進主義を呼びかけたのには、3つの根拠があった。第一に、ネガティブな供給ショックの規模が不確かなこと。第二に、教訓となる明確な前例がないこと。第三に、より積極的な金融政策の引き締めが金融市場の望ましくない変動性を生み出しかねないこと。それでもパネッタは、インフレ予想が決定的に高まれば、漸進主義を放棄する必要があるかもしれない、と認めた。

不確実性を前にした漸進主義のロジックは、1967年に発表されたウィリアム・ブレイナードの名論文に基づいている。[*17]ブレイナードの主な論点の1つは、急速に変化する世界で政策を思い切り変更すると、予期せぬ（場合によっては望ましくない）副作用を生み出しかねない、という主張だった。

つまり、政策の変更は、たとえそれが世界をよくするためのものだったとしても、意図せざる（場合によっては想定外の）結果を招く可能性がある、ということだ。実際、1970

年代には、さまざまな刺激策を通じて失業率を抑えようとする善良な試みが、ことごとく不発に終わった。インフレがすでに収拾不能に陥っていることに、政策立案者たちが気づけなかったためだ。

しかし、この議論は両刃の剣だ。不確実性は常に私たちの隣にある。ロシアによるウクライナ侵攻が世界のエネルギー価格や食品価格に多大な影響を及ぼしたのは確かだ。しかし、ロシアによる2008年のジョージア（グルジア）侵攻や2014年のクリミア併合のあと、西側諸国がより厳しい制裁を課していれば、今と同じ影響が前倒しで表われていたかもしれない。

同じように、新型コロナパンデミックは、壊滅的な人的・経済的な被害をもたらしたが、コロナウイルスは「現代世界」が格闘を強いられた史上初のウイルスというわけではない。19世紀のコレラ流行から、1918〜1921年のスペインかぜ、1950年代と60年代のアジアかぜと香港かぜ、2003年の重症急性呼吸器症候群（SARS）の発生まで、どのパンデミックも現代に教訓を残したのだ。

私たちは、当局を信じすぎたのかもしれない

問題は、世界の不確実性がますます高まっている、という点ではない（未来自体がそもそも知りえないものなのに、どうして不確実性が高まったなどといえるだろう？）。**問題はむしろ、中央銀行家たちがどういうわけか、自分自身の金融構造に支えられ、従来よりも確実性の高まった世界で長年機能している、と思い込んでいた点にある。**持続的な低インフレと、それにともなう持続的な低金利こそが、その考えを裏づける証拠だった。しかし、低インフレや低金利が長年維持されてきたからといって、同じ状況が（不確実な）未来までずっと続く、という保証はほとんどないのだ。

その理由を理解するため、連続したコイン投げを考えてみよう。コインに偏りがないと仮定すると、表が出る確率と裏が出る確率はぴったり半々だとわかる。しかし、だからといって5回連続で表が出る可能性がないわけではない。確かに、その確率は3％強と小さいが〔$(1/2)^5 = 1/32$なので約3・1％〕、ゼロではない。なのに、5回連続で表が出たのを見れば、そのコインに偏りがあると思い始めるかもしれない。私たちは、その5回のコイン投げの結果を未来に投影したいという欲求から、6回目は表が出やすいと信じ込んでしまう

ことがある。もちろん、その考えは正しくないのだが。

同じことが、経済的に平穏に見える時期にもある程度当てはまる。**私たちは何も問題なんて起こるはずがない、と思い込み、過去の混乱をコロッと忘れてしまう。**政策立案者たちがきっと「うまくやってくれた」と信じずにはいられない性分なのだ。私たちは直近の経験に合わせて自分自身の期待（つまり「経験則」）を修正していくのだが、コイン投げの例と同じように、突然、目が覚めるような出来事に襲われることもある。

そうして初めて、ハッと正気に返り、未来が必ずしも直近の過去の延長線上にあるとはかぎらない、という厳然たる事実に気づくわけだ。私たちが世界金融危機や１９８０年代と90年代の数ある金融の混乱から学ぶべきだったのは、この教訓なのだ。

漸進主義を呼びかけたブレイナードの話に戻ろう。この呼びかけの重大な問題は、漸進主義が成り立つとすれば、より確実性が高く見える状況だけでなく、あらゆる状況で成り立たなければならない、という点だ。しかし、**世界金融危機のあとの金融政策に、「漸進的」な側面など1つもなかった。**金利はゼロ（ゆくゆくはマイナス）まで切り下げられ、もともと「緊急」金融対策のはずだった量的緩和は忠実な相棒になった。

また、パンデミック前には、連邦準備制度（以下、Ｆｅｄ）は「非対称的」なインフレ目標に舵を切った。この枠組みの下では、過去の目標値を下回るインフレ（アンダーシュート）との釣り合いを取るため、目標値を上回るインフレ（オーバーシュート）が奨励されることになる。それはまるで、唯一の脅威はインフレではなくデフレだと言わんばかりの行動だった。
つまり、中央銀行家たちは、赤しか出ないだろうと思い込み、赤に一点張りをしたわけだ。そのため、**パンデミック中にインフレが予期せぬ再来を果たしたとき、目の前の証拠を見直し、新たな（とはいえ驚くほど懐かしい）敵の襲来にすばやく対処するのは、半ば不可能になっていた。**

不確実性を甘く見た中央銀行家の3つの行動

実のところ、中央銀行家たちは不確実性に対する素っ気ない態度を、3つの明白な点で悪化させた。

――行動1――　政策金利の細かい調整をやめ、将来の方向性を発信した

第一に、世界金融危機以降、中央銀行家たちは「フォワードガイダンス」（中央銀行家が将来の金融政策の方針を前もって表明すること）を提供し始めた。その目的は、聞く耳を持つすべての人々、とりわけ金融市場関係者に敬意を示す人々に対して、今後数カ月間または数年間の政策金利の方向性に関する指針を発信することにあった。当時の中央銀行家たちは、経済活動のリバウンドの兆候に応じて金利が自動的に上昇する、と投資家たちに思ってほしくなかった。金融引き締めの認識が広まることで、順調だった経済の回復がピタリと止まるのを心配したのだ。

彼らはいわば、**金融市場や経済全般にかかわる無数の人々よりも、自分たちのほうがどういうわけか未来に精通している（それどころか未来に関して確信がある）と主張しているも同然だった。**しかし、それは無理筋というものだ。実際、その後の出来事は、そうした中央銀行の幻想を打ち砕いただけだった。結局、彼らは2021年に始まる急激なインフレを予測し損ねたのだから。

――行動2―― みずからを正当化するようにインフレ予測を出した

第二に、中央銀行家たちは、常にそれまでの金融政策の方針を正当化するようなインフレ予測を行った。彼らの未来観に従えば、完璧なインフレ率を実現し、2年後には必ず定められた目標を達成することができたのだ。今日の政策は、常に明日のインフレ率の成功を約束するよう正確に調整された。確かに、このインフレの楽園へと続く道は少しでこぼこしていることもあったし、予測に「範囲」があることからも、道中に一定の不確実性があることは明白だった。それでも、中央銀行家たちはおおむね自分たちに課された使命を実現できるという絶対の自信を持っていた。

――行動3――　みずからのプロパガンダを信じ込んだ

第三に、中央銀行家たちは、自分自身のプロパガンダを本気で信じ始めた。つまり、自分たちのインフレ抑制能力には信頼性があり、インフレ予想が暴走しないことは多少なりとも保証されている、と訴えたわけだ。彼らはいわば、インフレショックに対する人々の反応を先読みしていたといえる。

要するに、中央銀行の聖職者たちに対する民衆の信頼は絶対的なので、いかなるインフレ圧力が働こうとも、人々のそれまでの経験則が揺らぐことはありえない、と考えたのだ。この神学的宇宙では、インフレが勢いづくこと自体が原理的にありえなかった。中央銀行家たちはどうやら、「この最善の可能世界においては、あらゆる物事はみな最善である」と信じたパングロス教授[*18]の声に耳を傾けすぎたようだ。

本書の執筆時点では、この楽天主義はとりわけ大きな不運に見舞われているように見える。インフレ率は40～50年ぶりの高水準に達したというのに、金利はそれに応じて申し訳程度に上げられただけ。中央銀行家たちは民衆を、政策立案者が吹き込もうとしていることなるなんでもほいほい信じてくれる、世間知らずな人間として扱おうとしている。
しかし、本書でこれから証明していくとおり、効果的なインフレ抑制とは、リビングの壁に設置された温度調節器のように金利を指先1つで上げ下げする、単なる機械的作業などではない。経済や金融の厳しい逆風を前にして、人々にそれまでの経験則を貫き通す意志があるのかどうかによっても、結果は変わってくるのだ。**ひとたび従来の経験則が放棄されれば、いわば経済や金融の無秩序状態が生まれ、政治や社会の混乱がいっそう顕在化する恐れがある。**そうなると、技術家集団たる中央銀行は民衆の支持を失い、物価安定の追求が二重の意味で難しくなるかもしれない。

ここまで来れば、私の言いたいことはもうおわかりだろう。インフレの長く平凡な歴史をいちど探ってみる価値はおおいにある。そうすればきっと、**インフレの予期せぬ再来がどれだけの日常茶飯事なのかがわかる**はずだ。ひどくすると、本来なら財政政策が果たすべき汚れ仕事を印刷機に丸投げしたがるリーダーたちの手によって、インフレがつくり出されてしまうケースもあるのだ。

第2章

インフレは、「予期せぬとき」にやってくる

古代ローマのインフレ。16世紀の「価格革命」。貨幣数量説の誕生。フリードマンの汚名返上。フランス革命の再考。中国の三重インフレショック。金本位制の終わり。グレート・モデレーション（大安定期）を理解する。政策立案者たちはデフレよりもインフレがお好き。

インフレの原因は2つに要約できる

インフレの原因はさまざまだが、煎じ詰めれば、次の2つの方法のどちらかで説明できる。大半の物価（モノやサービスの価格、賃金、利益、賃料）の上昇を反映したインフレと、貨幣価値の下落を反映したインフレだ。この2つの視点は、実はコインの裏表の関係であるといっていい。

社会における貨幣（お金《かね》）の役割は一般的に、（i）交換手段（効率の悪い物々交換を避けるため）、（ii）価値貯蔵、（iii）計算単位、の3つとされている。このうち計算単位としての貨幣の役割をとりわけ不安定にする。インフレは、30㎝の定規の目盛りが日に日に縮んでいくようなものだ。定規の真の長さ自体はいっさい変わらないのに、長さの「測定値」が、たとえば30㎝から40㎝、50㎝へと変化していってしまう、と考えるとわかりやすい。

しかし、**インフレは、交換手段や価値貯蔵としての貨幣の役割にも影響を及ぼすことがある**。たとえば、明日、1ドルで買えるものの量が今日よりもずっと少なくなると思えば、誰もお金を交換手段として受け入れたがらないだろう。また、貨幣価値が日ごとに目減りしていくと思うなら、誰もお金を貯めようだなんて思わなくなる。冷蔵庫をせっせと溜め込んだトルコの商人のように、別の蓄財手段を探すはずだ。

さらに複雑なのは、すべてのお金が対等な価値を持つわけではない、という点だ。ある人のインフレ（あるいはデフレ）体験が、別の人の体験と一致するとはかぎらないからだ。

古代ローマの頃から、お金《かね》の価値は測られていた

さまざまな形態の貨幣どうしを区別することは、歴史を通じて重要だった。紀元3世紀

のローマ帝国でデナリウス銀貨を貯め込んでいた人々は、購買力の著しい低下に見舞われたことだろう。長い時間をかけて、典型的なデナリウス銀貨の銀含有率は、90％近くからわずか5％まで下落していったからだ。確かに、アウレウス金貨も価値を失ったが、減少幅はずっと緩やかだった。ディオクレティアヌス帝時代のアウレウス金貨の金の含有率は、3世紀前のユリウス・カエサル帝時代に鋳造された同様の金貨の半分ちょっとはあった。

この2種類の硬貨（銀貨と金貨）の「交換レート」は、当然ながら数世紀のあいだに大きく変化していった。アウレウス金貨が初めて鋳造されたときは、25デナリウス分の価値があった。300年後、皇帝コンスタンティヌスがアウレウス金貨に代えてソリドゥス金貨を導入したときには、1ソリドゥスが27万5000デナリウスに相当していた。

しかし、古代ローマ社会の貧民たちがそもそも金貨で支払いを受けることは少なかったし、急速に価値の低下していくデナリウス銀貨を、より信頼できる金貨と交換できるくらいの量まで貯め込むことなどとうてい無理だっただろう。推定によると、「長い」紀元3世紀のローマ社会では、全般的な物価水準が150年間で2万％近く上昇したとされる。[*1] 早い話、インフレの影響を最も色濃く受けたのは、金持ちではなく貧民たちだったのだ。[*2]

16世紀の持続的なインフレに対する3つの仮説

15世紀終盤から17世紀初頭にかけて、世界はのちに「価格革命」と名づけられる現象に見舞われる。今日の基準でいうと、物価面ではそこまで劇的なことが起きたわけではない。「革命」の中心地スペインでは、物価が期間全体で315%上昇した。これは年率に直せば1・4%にすぎない（したがって、今日の標準的なインフレ目標に満たないくらいだ）。

持続的な物価上昇に見舞われた国々はほかにもある。16世紀初めの時点での1英ポンドは、100年後には（現代の額面で）わずか25ペンス〔0・25ポンド〕の価値しかなくなっていた。

それでも、**図表2－1**を見ればわかるように、価格革命は、それ以前と以降の両面から見て、やはり異常な出来事だったと言わざるをえない。産業革命前のほとんどの時期、物価は上下動を繰り返しており、一方向にだけずっと動くことなどまずなかった。上がれば下がるし、下がれば上がる。それが普通だ。そういう意味では、長い16世紀は革命的な時代だった。この持続的な貨幣価値の低下については、さまざまな説明がなされている。

図表2-1

1500年から1650年にかけての「価格革命」の最中、イギリスの物価水準は一貫して上昇した

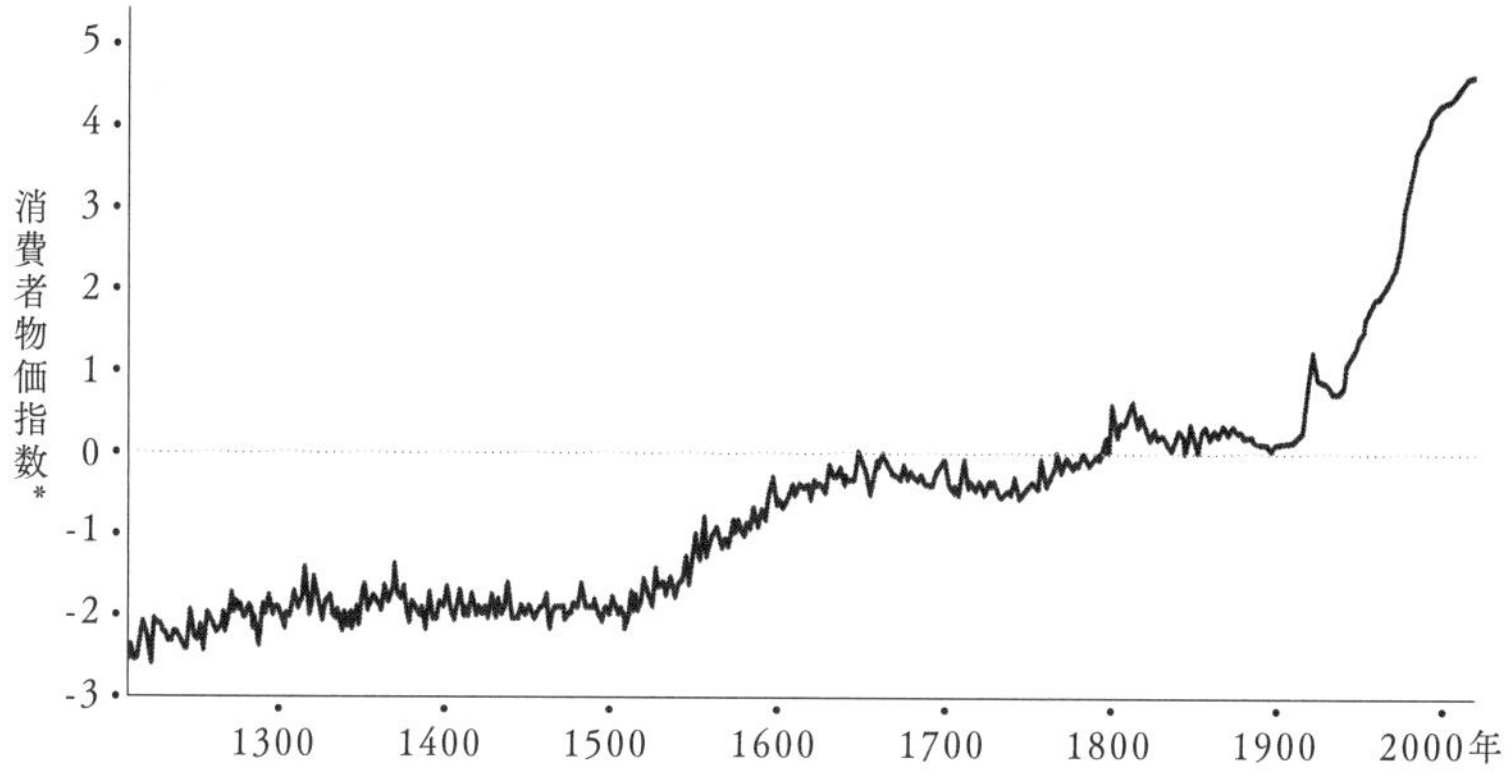

出典：イングランド銀行
＊2015年を100とする指数の自然対数を取ったもの
〔つまり2015年はこのグラフでは$\log_e 100 \fallingdotseq 4.61$となる〕

―仮説1― 記録されていた食料品だけ値上がりした

1つ目の説明は、見かけ上の価値低下は幻想にすぎない、というもの。人口の変化により、記録の対象となる基本的な食料品の価格が上がり（何より、食料品は全員がほしがる）、製造品に使われるお金《かね》が減った。その結果、食品価格の上昇は、食品以外の価格の下落によって相殺されたというのだ。しかし、多くの製造品の価格は記録されていなかったため、この説は十分に検証された仮説というよりは、憶測の域を出ない。

―仮説2― 悪貨が良貨を駆逐した

2つ目の説明は、貨幣鋳造に見られる質

の低下（悪鋳《あくちゅう》）に原因を求めたもの。イングランドのヘンリー8世の治世に行われたのがその例だ。戦費の調達、そして贅沢な暮らしを求めて、ヘンリー8世は金と銀の含有率を減らした大量の新造硬貨を密かに備蓄した。その後、銀地金《じがね》（銀塊）の不足に直面すると、銀を薄く塗った銅貨とさほど変わらない劣悪な「銀」貨を、経済へと流通させる。

彼の決断が知れ渡るなり、「良貨」は流通しなくなり（銀の含有率の高い良貨が手元に残されるため）、物価が着実に上昇していくのは必然の成り行きといってよかった。これは「悪貨は良貨を駆逐する」というグレシャムの法則の典型例だ。しかし、こうした行動は、普通は1つの国に限ったものなので、この「革命」の大規模な性質をすんなりと説明することができない。

―仮説3― 銀とお金《かね》の供給が拡大した

3つ目の説明は、単純に、15世紀終盤から16世紀の大部分にかけて、銀の供給、ひいては貨幣の供給が劇的に拡大した、というもの。このプロセスは中央ヨーロッパに始まる。新たな銀山の発見や生産技術の向上により、ボヘミアやハンガリーなどで銀の生産量が増加したのだ。

しかし、価格革命に最大の貢献をしたのは、南北アメリカ大陸におけるスペイン人征服者《コンキスタドール》たち、そしてゆくゆくはヨーロッパ植民地時代のライバル諸国の活動だった。そうした凶暴な冒険者たちは、大量に埋蔵された銀（特にペルーのポトシ銀山が有名）と、アンデス山脈の豊富な水銀（銀の生産に欠かせない材料）を開拓していった。[*3] その1つの結果として、スペインの購買力が大幅に上昇し、ヨーロッパの残りの地域からの装飾品の輸入が大きく増加した。

そうして生じたスペインの経常収支赤字は、絶え間ない銀の流出によってまかなわれ（巨大な銀の「印刷機」たるポトシ銀山があるので朝飯前だった）、巡り巡って、ヨーロッパのほかの地域での貨幣供給量の増大につながった、というわけだ。

この交換がもたらした影響は広範囲に及んだ。いったん銀の供給が確立すると、スペイン人自身はもうがむしゃらに働く必要がなくなった。今日の産油国とまったく同じで、地中から掘り出される資源だけを当てにして生きていくことができたのだ（しかも、スペイン人征服者の場合、掘り出す作業自体もほとんど奴隷にやらせていた）。これこそが、かつての偉大な帝国のじわじわとした終わりの始まりだった、といっていい。

他国（特にイングランドとオランダ）の生産者たちは、スペインに取り入ろうと競い合ううちに、スペイン人自身よりも製造（特に武器の製造）を得意としていった。そして、絶え間ない物価上昇という形で、銀が魔法の輝きを失うにつれ、スペインの帝国主義的な野望や経済的な野望もしぼんでいった。お金《かね》が末永い栄光を約束するわけではない、ということがわかる。

「貨幣量」と「物価」を紐付ける考え方は16世紀から始まった

当然かもしれないが、これらの経験は、貨幣と物価の関係性についての新たな考え方を生み出した。**16世紀前半、プロイセンとポーランドのインフレ問題に端を発して、いわゆる貨幣数量説〔物価水準は社会に流通している貨幣の総量に直接比例するという考え〕の最古の形が生まれた**。[*4] 1517年、ニコラウス・コペルニクス（そう、地動説で名の知れた例の人物）は、こう述べた。

貨幣は、量が過剰になることによっても価値を失うことがある。銀地金《じがね》に対する人々の要求が高まるほどに、銀貨を鋳造した場合がそうだ。その貨幣自体に含まれる量の銀さえ買えなくなると、その硬貨の評価は暴落し、銀を溶かして硬貨を破壊するほうが得になるからだ。この場合、額面価値を回復するまでそれ以上その硬貨を鋳造しない、というのが解決策になる。

これを読むと、コペルニクスが貨幣量と物価を関連づける見方を表明していた、と考えたくもなる。しかし、よくよく調べてみると、彼の議論は特定の物価のみに関するものだということがわかる。

彼は、硬貨を過剰に鋳造することによって、硬貨に含まれる銀自体の価値と比べて、その硬貨の価値が下がることを心配した。そういう状況では、硬貨を溶かして銀を抽出するのが合理的になってしまうのではないか、と考えたわけだ（現代でいうなら、プラチナ、パラジウム、ロジウムを抽出するために、自動車から触媒コンバータを盗み取るのと似ている）。[*5]

物価全般への言及はいっさいなかったし、さまざまなモノやサービスと結び付いた物価指数への言及もなかった。実際、当時「物価水準」という概念が存在したのかどうかも怪しい。

しかし、ごく原始的な形とはいえ、貨幣数量説の概念が確立するのに、そう時間はかからなかった。1542年、クラクフ知事のピョートル・クミタという人物が、プロイセン公アルブレヒトに宛ててこう記した記録が残っている。

日常的な品物（挙げればキリがない）の価値や値打ちがどれもこれも上がりすぎている。だが、その理由についていうと、大量の硬貨にその原因があることを理解できない愚か者はいないだろう。かつてのように、グルデン[*6]〔金貨〕や購入される品物と関係があるわけではないのだ。

作家のトマス・レヴェンソンが記しているように、17世紀イングランドでは、硬貨の質の低下、偽造、削り取りへの対策として、先進的な硬貨製造機の開発が始まった。[*7] 1662年、王立造幣局は、前面と背面に豪華な縁取りと深いエンボス加工を施した新たな硬貨の生産ラインを開発する。複雑な縁取りは「削り取り」をまったく無益な行為にすると同時に〔それまでは硬貨の周囲を少しだけ削り取り、ある程度溜まったところで溶かして売る不正の手口が横行していた〕、細やかな象形は模造を難しくした。それでも、ゆうに200年前までさかのぼる旧硬貨が、新硬貨と一緒に流通し続けた。

そして、金融の知識が少しでもある者なら、削り取り、偽造、質の低下に見舞われた旧硬貨が新硬貨ほど信用できない、ということは百も承知だったから、新硬貨は退蔵《たいぞう》され、貨幣の交換手段としての役割と価値貯蔵手段としての役割に、事実上の乖離が生じてしまった。通常、新硬貨を貯蔵できたのは金持ちだけで、信頼性の低い旧硬貨の受け取りを拒絶されるリスクを背負っていたのは貧民たちのほうだった。

しかしある意味、その新硬貨は出来すぎだった。硬貨に含有される銀の値打ちは、金を基準とした場合、ロンドンよりもパリでのほうが高かったのだ。そのため、違法ながらも新硬貨は溶かされ、ドーバー海峡の対岸へと密輸されると、パリで金と交換された。そして、イングランドへと再出荷された金は、さらなる新硬貨の購入にあてがわれる。

こうした裁定機会〔市場間の価格差を突いて利ざやを稼ぐ機会〕が存在するかぎり、このプロセスは続いた。結局、王立造幣局の新硬貨はあっという間に姿を消し、イングランドは以前のように削り取りや偽造のリスクがある旧硬貨であふれかえったという。

ロックとニュートンによる貨幣論争

この一件が、イングランドの2大思想家のあいだで、貨幣の性質をめぐる議論を巻き起こす。ジョン・ロック（1632～1704）は、銀の価値（ひいては貨幣の価値）は、規定によって永久に固定してしまうのがよい、と説いた。たとえるなら、30㎝の定規の長さを、君主による永久不変の勅令《ちょくれい》によって（あるいは、君主を神による統治の延長だと考えるなら、神の命令によって）定めるべきだ、と主張しているに等しい。その根底には、銀は「自然」のものであり、その他の価格を決める需要と供給の法則に支配されるべきではない、という考えがあった。そういう意味では、太陽が太陽系の中心にあったのと同じように、銀は経済や財政の宇宙の中心にあったわけだ。[*8]

一方、今や王立造幣局勤めで財をなし、すでに重力、宇宙の物理法則、微積分学などの研究に励んでいたサー・アイザック・ニュートン（1643〜1727）は、貨幣（とその主な材料である銀）は一般の商品となんら変わらず、需要と供給の法則に従う、と説いた。彼の見立てでは、イングランドの貨幣の混乱を解決するには2つの改革が必要だった。1つ目は、旧硬貨を完全に廃止して、新硬貨を貯め込む（または溶かす）インセンティブをなくすこと。2つ目は、金の価値に対する銀貨の価値を調整し、（特にロンドンとパリ間の）裁定機会をいっさいなくすことだ。

ニュートンの見方のほうがロックよりもずっと「現代的」だ、と結論づけたくもなる。そもそも、通貨の需要と供給の変化を反映し、生きた価格を継続して提供し続けるのが外国為替市場の役割だ。

しかし、いくつかの点で、ロックの見方は今も息づいている。何より、信用できるインフレ目標政策の役割は、毎年一定の（とはいえ緩やかな）ペースで意図的に通貨の価値を目減りさせていくことでなくて何だろう？　これは、通貨の価値が自然と（信心深い人々に言わせれば、神の思し召しによって）決まる、というロックの主張とそれほどかけ離れているだろうか？

唯一の大きな違いは、通貨の価値を「守る」のが誰なのか、という点にある。ロックの時代でいえば、それは当時の硬貨にエンボス加工された君主の肖像が物語るように、神であり、君主であった。しかし、今日でいえば中央銀行だ。そこには議会の思惑が反映されることもある（毎回ではないにせよ）。

貨幣と物価の性質について議論した賢人たちは、ロックとニュートンだけではない。フランスの社会哲学者のジャン・ボダン（1530〜1596）はもともと、新世界からのスペインの銀の流入が、ヨーロッパの物価上昇の最大の原因である、と主張していた。ロック自身はその後、物価水準は常に貨幣供給量《マネーサプライ》（その定義はどうあれ）に比例する、と断言した。

また、スコットランドの偉大な哲学者で、「因果」論の先駆者でもあるデイヴィッド・ヒューム（1711〜1776）は、当然ともいうべきか、貨幣と物価の関係に因果性を見出し、貨幣量の変化が物価の変化を引き起こすのであって、その逆ではない、と主張した。

さらに、この因果関係は瞬間的なものとは程遠いと主張し、今日「貨幣錯覚」と呼ばれている考え方を提唱した。ヒュームの見方はこうだ。物価圧力の上昇に敏感な集団とそうでない集団がある。たとえば、企業は、労働者よりもいち早く物価上昇を察知し、実質ベースで家計所得が圧迫されているあいだも、短期的に利益を押し上げられる。しかし、長期的に見ると、少なくともヒュームによれば、こうした錯覚は消え去る。貨幣の力だけで経済的な運命を永久に変えられるわけではないのだ。

「貨幣数量説」の集大成となる1つの方程式

ただし、こうした議論は、おおむね第一原理〔根本的な仮定〕に基づくものであり、経験的な検証はほとんど行われなかった、という点を忘れてはならない。単純に、データと呼べる代物がほとんど存在しなかったからだ。実在するデータの多くは、通貨の価値と金〔またはその他の通貨〕との関係についてのものだった。それでも、いざ通貨ショックが起きると、生まれたばかりの貨幣数量説の支持者たちは、いち早く勝利宣言を出した。ポンドと金の結び付きを断ち切るという1797年のイギリスの決定によって引き起こされた「地金《じがね》論争」は、まさにその好例だった。

現実には、ポンドと金の結び付きを断ち切る以外の選択肢などほとんどなかった。ナポレオン戦争の戦費は膨らむばかり。おかげでイングランド銀行の金準備は、ポンドから金への兌換性《だかんせい》〔銀行券や紙幣を金貨や地金《じがね》などの正貨に引き換えられる状態〕を保証できないくらいまで枯渇していた。すると、デイヴィッド・リカード（1772～1823）らは、第一原理に基づき、インフレの元凶は間違いなくイングランド銀行の政策にある、と訴えた。

彼らの主張はきわめてシンプルだ。金への兌換性が失われたことにより、銀行は今や好きなだけ「紙」のお金《かね》（紙幣）を発行できるようになった。そうして生じた貨幣供給量の増加により、国内物価が上がり、さらには、今や供給過多となったポンドの価値が金と比較して目減りした、というのである。

しかし、こうした結論を裏づける具体的証拠は、なんとも薄弱なものだった。たとえば、国外物価に対する国内物価の上昇は、仮定以外の何物でもなかった。単純に、当時は物価指数の集計を生業《なりわい》とする者なんてどこにもいなかったからだ。

ところが、歳月を経るごとに、貨幣数量説に磨きがかけられていき、その集大成として、今ではすっかり有名になったアーヴィング・フィッシャー（1867〜1947）の交換方程式（あるいは、この方程式に批判的な人々に言わせれば、悪名高いトートロジー的な恒等式）が生まれた。

MV＝PT

（批判的な人々からすれば、**MV＝PT**。つまり、MVはトートロジー的にPTと等しい）

ここで、Mは貨幣量、Vは貨幣の流通速度（たとえば、1年間に貨幣の持ち手が替わった回数）、

Pは物価水準、Tは取引量である。[*9]

この式の擁護者たちは、何点かの重要な主張を行った。（ⅰ）物価は貨幣供給量の変化に比例して変動する。（ⅱ）因果関係の向きは「貨幣→物価」であり、「物価→貨幣」ではない。（ⅲ）実質経済変数は、人口統計、技術的変化、人的資本などの実物によって決まるのであって、貨幣量の変化は究極的には経済活動に永続的な影響を及ぼさない。（ⅳ）貨幣供給量は事実上、造幣局、中央銀行、政府、もっというとペルーの銀山のような、貨幣の発行機関によって制御される外生変数である。[*10]

これらの主張はどの1つを取っても、必ずしも不合理なわけではないが、そうかといってフィッシャーの方程式から導き出せるものでもない。このMV＝PTという文字の集まりは、会計恒等式〔会計、金融、経済学において、変数の値にかかわらず必ず正しくなる等式〕にすぎず、因果関係も、定義も、外側から与えてやるしかない。

たとえば、16世紀の価格革命がMの上昇から生じたという点に、誰もが同意するわけではない。物価高騰の大部分はVの上昇の表われだった、というのが別の見方だ。ヨーロッパ主要国における都市化や職業の専門化がより頻繁な経済交流の機会を生み出し、貨幣の需要に影響を及ぼした結果、Vが上昇したという考え方だ。[*11]

ケインズの反論

貨幣数量説論者たちの主張に異を唱えた人物の1人が、ジョン・メイナード・ケインズだった。無理もないことだが、彼は「実体経済」が所定のものであり、不況時代の失業率を説明しえない長期的な「供給サイド」の要因の組み合わせによって決まる、という考え方に納得がいかなかった。

ケインズは、不況下の経済では、Mを増加させる、または公共支出を増やしてTを増加させるという形の政策刺激は、物価よりも産出量や雇用に大きな影響を及ぼすだろう、と考えた。また、Vはその他の変数の変化に合わせて自動的に調整されるため、MとPのいわゆる安定した（少なくとも予測可能な）関係性というのは空想の産物にすぎないのではないか、とも考えた。

おもしろいことに、2008年の世界金融危機の直後にも、ほとんど瓜二つの議論が巻き起こった。かつての貨幣数量説の知的な流れをくむ厳格なマネタリスト〔貨幣供給量の変化が短期的な経済成長や長期的な物価水準を大きく左右すると考える「マネタリズム（貨幣主義）」の支持者。フリードマンを主唱者とし、ケインズの裁量的経済政策に反対する〕たちは、量的緩和にともなう貨幣の

「印刷」が急激なインフレを招く、という誤った主張を繰り広げた。いわゆる「公的」資金の創造が、それまで流動性の高かった債務担保証券（CDO）などの「民間」資金の破壊を埋め合わせるためだけのものだった、という事実はまるきり無視されていた。[*12]

大恐慌の原因についてはどうだろう。ウォール街大暴落は、投資機会の消失により企業景況感（いわゆる「アニマルスピリッツ」〔ケインズが用いた言葉で、企業の非合理的な楽観的行動のことで、不況脱出の原動力となるもの〕）の減退が起こり、たとえば大がかりな財政刺激策でしか覆せないような下向きの乗数効果〔政府支出などで投資や消費を刺激した際、支出額以上に所得が増加する効果〕が解き放たれた、ということを証明したのではなかったか？　貨幣の果たしうる追加の役割があるとすれば、それはどんな役割だろう？[*13]

「マネタリスト」と呼ばれる者たちの4つの再反論

第二次世界大戦直後の数十年間は、ミルトン・フリードマン（1912〜2006）が1965年に大きな皮肉を込めて述べたように、「今や誰もがケインジアン〔ケインズ主義者〕だ」と結論づけるのに苦労しない時代だった。それでも、1960年代終盤にインフレが沸き立つと、貨幣数量説論者たちは、特にフリードマンとアンナ・シュウォーツ（1915〜2

012）の名著『米国金融史1867〜1960（*A Monetary History of the United States, 1867–1960*）』に基づく新たな経験論に裏打ちされ、反撃を始める。[*14] フリードマン、シュウォーツ、およびその支持者たちが立証したのは、主に次の4点だ。

(i) 産出量と物価の両方の崩壊をともなう大恐慌は、いくつもの銀行破綻が呼び水となった大規模な通貨収縮の結果である。(ii) Fedがお金《かね》を刷っていれば、そうした収縮の一部は回避されていた可能性が十分にある。(iii) 入手可能な証拠によると、貨幣と物価の関係は不安定だったが、少なくとも中期的に見れば予測可能であり、なおかつ因果関係が存在した。(iv) 長くて可変的なタイムラグの存在を踏まえると、1950年代や60年代の政策立案者たちが好みがちな経済の「微調整」は、究極的には自滅的な行動である。[*15]

フリードマンの議論は、貨幣に着目することで複数の銀行破綻をはじめとするその他の重要な要因から注目を逸らした側面はあるものの、歴史的な現実に対する認識を変えたといえよう。[*16] フリードマンの90歳の誕生日を記念する2002年の会議で、ベン・バーナンキは最後に次のような温かい言葉を贈った。

最後に、FRBの正式な理事という立場をお借りして、ミルトンとアンナにお伝えしたいことがあります。大恐慌に関しては、あなた方のおっしゃるとおりです。われわれが引き起こしてしまった。大変申し訳なく思います。ですが、あなた方のおかげで、われわれが二度と同じ失敗を繰り返すことはありません。[*17]

もちろん、FRBが過去の過ちを認めたことも、世界金融危機の最中に利下げや量的緩和政策が実行された間接的な理由だった。こんどこそ、第二次世界恐慌を引き起こしたという非難を浴びずに済むように。

「貨幣量」と「物価」の関係は、マネタリストが思うより複雑である

フリードマンが貨幣数量説のさまざまな側面を再構築することに成功したおかげで、歴史を掘り下げ、ささやかなデータの山から物価指数を集計する人たちが現われるようになる。[*18] 突如として、貨幣が及ぼす影響という観点から大小さまざまなインフレを説明できるようになり、インフレの責任を金融当局や財政当局の怠慢や強欲さに負わせることが可能になった（ように見えた）。

そうして再考察のなされたインフレ事例の1つが、当然ともいうべきか、フランス革命だ。ある指標によると、物価は1790年2月から1796年2月までのあいだに合計2

万6566・7%も上昇した。平均年間インフレ率に換算すれば150・6%にもなる。[19]しかし、この「事実」は、1790年代に起きた出来事の一定の解釈に基づいている。詳しく調べてみると、貨幣と物価の関係性は、マネタリストたちの多くが認めるよりもはるかに複雑であることがわかる。[20]

この問題の中心には、1つの根本的な疑問がある。具体的に、何を貨幣とみなすのか？フランス革命前、貨幣には公式のものと非公式のものがあった。公式の貨幣というのは、正式なエンボス加工がなされてはいるが民間の発行した硬貨であり（誰でも余った銀器を地元の造幣局に持っていけば、溶かして硬貨に換えることができた）、非公式の貨幣というのは、為替手形や種々雑多な「非公式」の債券などだ。

ところが、革命が始まると、成立したばかりの国民議会は深刻な問題に直面する。一方では、既存の税金の多くを違法と宣言したかったが（たとえ宣言しなかったとしても、国じゅうを巻き込んだ革命熱により納税拒否が広がっただろう）、もう一方では、なんとかして国家の債務を履行したいという思惑もあった。

世の中には新たな時代の始まりの予感が漂っていたとはいえ、債務不履行は避けたかった。しかし、国家にお金《かね》を貸し付けた人々に、なんらかの形で全額を弁済する必要があったうえに、[21]革命の進行により、新たな貸し手はほとんど現われなかった。一方、民間のものであれ公的なものであれ、貸付金の法的地位に誰も確信が持てなかったため、硬貨の形でお金《かね》を保有する人々は、当然ながら硬貨を貯め込んだ。フィッシャーの用語を使うなら、貨幣の流通速度が地に落ちたわけだ。そして、ゆくゆくは経済そのものも。

その解決策の1つは、現代の量的緩和の精神と酷似するが、新たな貨幣を注入する、というものだった。しかし、新たな硬貨を生み出すのはおおよそ不可能だった。特に、貴金属を国外に持ち出せる人なら誰でも、まさにそのとおりのことをしていたからだ。

お金《かね》への信用が失われると、何が起こるのか

しかし、1789年に初めて発行されたアッシニア債券は、貨幣というよりは為替手形に近く、カトリック教会から没収した土地を担保とする利子つきの証券だった。その後、世の中で硬貨の退蔵が進むと、ようやく無利子の「アッシニア紙幣」がつくられる。それでも、アッシニア紙幣は、最も流動性の低い資産である土地を裏づけとして流動性を提供するという点で、概念的に奇妙な貨幣ではあった。[*22]

概念的に奇妙だったのに加えて、当初は比較的高い額面のアッシニア紙幣しかつくられなかったことも問題だった。今日にたとえるなら、1000ドル札が最小額の「法定貨幣」

だったといえばわかりやすいだろうか。

　その1つの結果として、役所や老舗業者など、地域の信頼できる機関がより小額の信用紙幣を発行し始める。その目的は、金持ちよりも貧民たちにとってより大きな負担となる現金不足にうまく対処することだった。貧民たちは高額紙幣で支払いを受けることはほとんどなかったし、間違いなく高額紙幣では何も買えなかったからだ。

　ところが、アッシニア紙幣と信用紙幣が広まるにつれ、重大な問題が起きた。捕まれば一発死刑だったとはいえ、偽札づくりが非常に魅力的な「一攫千金」の近道となったのだ。おまけに、本物のアッシニア紙幣と偽札を簡単に見分ける方法はなかったし、誰も彼もがこぞって信用紙幣を発行する有様だったので、人々が革命的な新貨幣制度への信認を失い始めるのに時間はかからなかった。

　取引はお互いの信頼があってこそ成り立つ。そして、信頼が消え去るとともに、取引量も減っていった。小売商は、あとで紙くずになるかもしれない紙幣を貯蔵するよりも、手元の商品を貯蔵するほうが得策だと考え、ますます商品の販売を控えるようになった。こうした状況下で「紙幣」を増発するのは、火に油を注ぐも同然だ。大幅な物価上昇、硬貨のさらなる退蔵、そして必然的に、革命的な為替レートの下落へとつながり、輸入品は手が出ないほど高額になった。

レベッカ・スパングは著書『フランス革命期のモノとカネ（*Stuff and Money in the Time of the French Revolution*）』に、こんな目を惹く文章を記している。

現代の経済学者たちは、過去を、まるで奇抜な衣装をまとった現在のごとく扱うことが多い。入手可能な数値データの信頼性だけが唯一の疑問点である、と言わんばかりに。[*23]

しかし、**18世紀終盤の貨幣の認識が、特にフィッシャーの交換方程式で表わされるような単純な（もっというと純朴な）貨幣数量説とは程遠いものであったことは、火を見るより明らかだろう。**何を貨幣とみなすのか、みなさないのかは、単に国家の法令で決まる問題ではない。それは社会的な規範や慣習の表われでもあり、ある交換手段がどれほど広く継続的な信用を得られるかの問題でもあるのだ。

信用が再びスポットライトを浴びる機会が巡ってきたのは、それから200年以上がたった頃だった。世界金融危機の最中、金融システムの主役である銀行は、お互いを信用しなくなり、銀行間相場の上昇は、革命期のフランスに見られた硬貨の退蔵と同じように、ある種の大量の貨幣の退蔵を予感させた。ここまで来ると、中央銀行が介入する以外にすべはなかった。そうしなければ、いわゆる「準貨幣」〔支払い手段としては機能しないが、いつでもお金《かね》に替えられる点で貨幣に近い性質を持つ定期預金、国債などの金融資産〕への信認が失われ、最終需要の恐ろしい崩壊を招いただろう。

3 分割された中国で起きたハイパーインフレ

国家の法令も間違いなく一定の役割を果たすとはいえ、人々の認識も最上級に重要なのは間違いない。日本の侵略から毛沢東率いる共産党の最終勝利に至るまでの1937〜1949年の中国がまさにその好例だった。1つの国が交戦中の3つの政府によって事実上分割支配されると、各政府が独自の通貨を発行した。このことが、のちに正真正銘の通貨戦争へと発展していく。[*24] 日本が自国の占領地で暮らす人々に、国民党の通貨の使用を禁じると、国民党と共産党も同様の措置を取った。こうして、分割された地域どうしの合法取引はほぼ不可能になった。

しかし、違法取引は依然として可能であり、ありとあらゆる金銭的な不正行為を生んだ。とりわけ、日本軍が新たな占領地で押収した国民党の通貨は、国民党の通貨がいまだ法定貨幣だった国民党領土からの商品の購入へと「違法」に用いられ、事実上、それらの地域を過剰な現金であふれかえらせた。膨らみ続ける戦費に、低金利で資金を調達しづらい状況も相まって、こうした地域でインフレ率が急上昇するのはもはや必然の成り行きだった。

ところが、当初、インフレ率の上昇は、貨幣量の拡大の結果というよりは、むしろ急速な流通速度の上昇がもたらした結果だった。インフレ懸念の高まりにより、誰もが現金を手元に残したくなかった。言い換えるなら、インフレ率の上昇は、人々の信用の崩壊の表われだったといえる。こうした状況での富の貯蔵が、「とにかく現金以外ならなんでも」という態度に結び付いたのだ。

インフレの原因は、お金の量だけで説明できない

古代ローマから、ペルーの銀山、フランス革命、3分割された中国まで、こうした歴史的事例はどれも2つの点を物語っている。

第一に、お金はまぎれもなく重要である、ということ（その意味では、マネタリストたちは一安心していいだろう）。

第二に、**お金に対する私たちの態度もまた重要である**、ということ。インフレは、輪転《りんてん》する印刷機だけが引き起こすわけではなく、信用が崩壊した結果としても起こりうる。金

融当局や財政当局が人民の信用を失うと、人々はお互いを信用しなくなり、金融機関はお互いにお金《かね》を貸そうとしなくなる。

この第二の点から導かれる重要な結論がある。お金の印刷がはるかに重大な結果を招く状況もある、ということだ。そういう意味では、貨幣数量説はあまりにも単純すぎるといえる。**貨幣数量説が成立するか否かは、貨幣の流通速度（要するに、貨幣を消費するよりも貯蔵したいという人々の欲求）に影響を及ぼす具体的な要因によって決まる**のだ。

この2つの命題を裏づける全般的な歴史的証拠は、この100年間やそこらの経済的体験をつぶさに調べることで得られる。それまで貨幣供給量と（間接的ながらも）物価水準をおおむね固定していた仕組みが、20世紀になってほぼ廃止された。

歴史的に見ると、さまざまな形の貨幣が、貴金属の供給と結び付いていたことがわかる。前述のアッシニア紙幣や、最終的に紙くずと化したアメリカ南北戦争中の連合ドル（第3章を参照）など、明白な例外もあるが、20世紀まで貨幣と貴金属はまさに一心同体だった。

ときには、この関係が予期せぬ結果を生むこともあった。19世紀終盤、産業革命が経済成長に及ぼした影響により、多くの国々がデフレに見舞われた。簡単にいえば、Tがいまだかつてない速度で上昇する一方、Mが金や銀の限られた供給によって実質的に抑制されたため、フィッシャーの恒等式が成り立つためには、Vが上昇するか、Pが下落するしかなかった。結局起きたのは、物価の下落のほうだった。

これはいわば、よいデフレだ。物価が賃金と利益の両方と比べて相対的に下落し、「実質」所得が増加したわけだから。生産性の急速な向上（大衆市場の成長にともなう規模の経済性も一部貢献した）は、いまだかつてない生産量の急増につながった。

するとこんどは、大衆市場が鉄道網や海上貨物輸送の広まりの恩恵を受けた。たとえば、シェフィールドの鉄鋼メーカーは、突如として製品を世界じゅうに販売できるようになったのだ。

しかし、16世紀の「長い」価格革命という明白な例外こそあるものの、金本位制（いつでも貨幣を金に交換（兌換）できることを保証する制度）という形で19世紀に確立した貨幣と貴金属の結び付きは、おおむね貨幣の「安定」に役立ったといえる。ナポレオン時代にイギリスが貨幣と金の関係を断ち切ることを一時的に決定したときのように、貨幣と貴金属の結び付きが断たれて初めて、物価の不安定性が再び姿を現わしたのだ。

金本位制の終わりはほぼ必然だった

ところが、20世紀序盤、ほとんどたまたま（もう少し優しい言い方をするなら、慣例として）成り立っていた制度が、完全な崩壊を迎える。崩壊は一瞬にして起きたわけではないが、第一次世界大戦の戦費の増大により、ほとんどの国が金本位制を一時的に中断するはめになった。1920年代、各国政府は、戦前の平価〔交換比率〕で金本位制に復帰するか、かわりに平価切り下げを行うかの二択を迫られた。

フランスは平価切り下げを行ったが、イギリスはというと、当時の財務大臣のウィンストン・チャーチルの主張により、戦前の平価で金本位制に復帰することを決める。それは巨大な代償をともなう決断であり、ケインズから厳しい非難を浴びた。彼は金本位制を「未開の時代の遺物」と評したことで知られる。[*25]

問題は単純だった。第一次世界大戦の最中とその直後、イギリスの物価があまりに高騰したため、イギリスが戦前の平価で金本位制に復帰したことにより、外貨から見てイギリスの物価は高すぎる状態になった。その結果、イギリスの輸出品は競争力を失い、同じ理屈で外国からの輸入品は不合理なほど安価となったのだ。

この問題の唯一の対処法は、イギリス経済に緊縮政策を課し、国内の物価や賃金を押し下げ、イギリスの輸出品を外国から見て割安にすることしかなかった。

すると、1926年にゼネラルストライキ（一種の間接的な抗議活動）が勃発する。その後、ポンド切り下げへの根強い不安から、金が大西洋の反対側へと流出し、アメリカの金利がどんどん低い水準まで低下していった。

　こうして始まった株式市場バブルは、1929年のウォール街大暴落にて一気に終わりを迎える。その2年後、大恐慌の幕開けとともに、イギリスは金本位制から完全に離脱し、1929〜1931年の少数与党である労働党政権において大臣を務めたシドニー・ウェッブにこう言わしめた。「誰もそんなことができるとは教えてくれなかった」

　同じ1930年代、他国もイギリスの動きにならい、アメリカが1933年、フランスが1936年に金本位制から離脱する。金本位制からいち早く離脱した国々ほどすばやく金融対策を実行することができ、他国に先んじて世界恐慌の魔の手から逃れることができた。そうした国々の成功こそが、最終的に金本位制を歴史のごみ箱へと葬り去ったと見ていいだろう。[*26]

20世紀には、あらゆるデフレが嫌われた

　その後、貨幣、物価、経済全般の関係は、根本的に様変わりした。**図表2−2**は、イングランド王エドワード1世の在位以降、各世紀の初めの時点での英ポンドの価値が、その後の100年間でどう変化したかを示したものだ。[*27] もし歴史的な物価の集計データが形は

どうあれ現実を反映していると仮定すれば（これはかなり大胆な「仮定」ではあるが）、図表2－2は16世紀の価格革命、18世紀終盤のアメリカ革命およびフランス革命、19世紀終盤のデフレ、そして何より20世紀のインフレを色濃く浮き彫りにしているといえるだろう。

1900年に発行された1ポンドの価値は、2000年時点ではたった2ペンスになっていた。つまり、20世紀は（もっというと、21世紀の最初の20年間も）、経済史上前例のない通貨の破壊に見舞われた時代だったといえる。しかも、ドイツ、オーストリア、ハンガリーなどの多くの国々とは異なり、決してハイパーインフレに屈することのなかったイギリスだけを見てもそうなのだ。[*28]

公正を期すために言っておくと、20世紀の貨幣価値の低下は、年間インフレ率に直すとわずか4・3％にすぎない。しかし、この100年間やそこらとそれ以前との最大の違いは、インフレ率というよりは、深刻なデフレがまったく見受けられない点にこそある。歴史を通じて、物価水準は上がり下がりを繰り返してきたが、**20世紀以降になって、物価下落は絶滅危惧種になった。**[*29]

実際、**20世紀から21世紀の変わり目にかけて、物価下落への恐怖は一種の宗教に変わった**といっていい。19世紀終盤に見られたような「よいデフレ」の可能性は眼中になくなり、あらゆる形態のデフレが親の敵《かたき》のような目で見られるようになっていた。

図表2-2

イギリスの貨幣価値

1ポンドが100年後にいくらになったか

（年）

1300	1400	1500	1600	1700	1800	1900	2000
£1.00→	£0.99						
	£1.00→	£1.11					
		£1.00→	£0.25				
			£1.00→	£0.71			
				£1.00→	£0.46		
					£1.00→	£1.49	
						£1.00→	£0.02

出典：イングランド銀行。著者の計算による

ある程度は、ケインズにこの極端なデフレ嫌いの責任の一端があるといえるだろう。賃金が「固定」され、容易に下落しなければ、物価下落は利益の低下と大量倒産につながり、1930年代のような大量失業を招くだろう。

また、「ゼロ金利制約」に関する懸念もある。デフレが定着し、現金に対する金利がゼロを下回れないとなると、「実質」金利は上昇することになる。こうした状況下では、人々はますます現金を貯蔵しようとするので、デフレの苦難にいっそう拍車がかかる。

最後に、賃金と物価の両方が下落している世界では、既存の債務の「実質」負担が増し、倒産の増加、ひいては大量失業を招くだろう。

「よいデフレ」さえも潰してきた中央銀行家たち

しかし、当然ながら、**いかなる犠牲を払ってでもデフレを避けようとする方針は、結果的にインフレ圧力を生み出す可能性が高い。**何より**その圧力は、「よいデフレ」が完璧に許容できるはずの時期でさえ働く**だろう。1980年代から世界金融危機に至るまでの「グレート・モデレーション(大安定期)」と呼ばれる時期がまさにそうだった。この時期、ときどき緩やかな景気後退があった以外は経済成長が継続し、少なくとも1970年代と比べれば圧倒的に低く、安定したインフレ率が続いた。

中央銀行家たちは、この期間の「成功」の手柄を自分のものにしようと躍起になったが、実はこのグレート・モデレーションを説明する方法はほかにもある。グローバル化、特に中国やインドといった安価な生産国が世界貿易体制に取り込まれたことは、たとえば衣料品や家電製品の価格下落にともなうさまざまな棚ぼた利益を西洋の消費者にもたらしたといえる。製品価格が西洋の所得と比べて相対的に下がったことで、自然と「実質」所得が上がったというわけだ。

中央銀行家たちは、そのまま物価全体をゆっくりと下落させることもできたし(そうなれば、インフレ目標を持続的に下回ることになる)、逆に、製品価格の下落を相殺するため、金融政策を緩和してその他の物価を強制的に吊り上げることもできた。結局、彼らが選んだのはおおむね後者のほうだった。

いわば、非貿易財であるサービスの価格や、さらにいうと株式や不動産などの資産価格を、強制的に本来よりも上昇させたのだ。別の言い方をすれば、**「よいデフレ」が起きてもおかしくなかった時期にさえ、政策立案者たちはデフレの阻止に全力を尽くした。**実際、一定のインフレ目標の実現を常に目指しているかぎり、よいデフレを受け入れるといった融通をきかせる余地はほとんどなかったのだ。

中央銀行家はなぜかコロナ後にすぐ動かなかった

要するに、インフレに対する政策立案者たちの態度には偏りがあった、ということだ。デフレが歓迎される状況は1つもなく、世界金融危機の直後のようにデフレリスクが高まれば、リスクを抑えるための「総力」戦に打って出る。そのことを重々わかっている民衆や、もっというと金融市場の関係者たちは、自然と歴史的な低金利がずっと続くと信じ込み始める。

しかし、**デフレを許容しないと訴えた中央銀行家たちは、今以上のインフレは全体的に許容するつもりだ、と暗黙のうちに宣言しているも同然だった。**２０２０年、Ｆｅｄが「非対称的」なインフレ目標に移行すると、その暗黙の見解が明確になった。これは長期にわたり、「中心的な目標値」である２％を上回るインフレ率を許容する、という方針のことだ。

これに拍車をかけたのがパンデミックだった。需要の急減を目の当たりにした中央銀行家たちは、経済が再びデフレスパイラルに突入する危機にある、と本能的に思った。すると、彼らは常道に従い、（可能なかぎりの）利下げと量的緩和を実施した。

しかし、需要の急減はほとんど自発的なものではなかったし、決して景気後退期や不況期に見られる典型的な清算の影響でもなかった。また、長期的な経済の「後遺症」に関する漠然とした議論を通じて以外は、過去にインフレ率の上昇を引き起こした供給不足が起こりうる、という認識もなかった。

奇妙なことに、ロックダウンが終了し、需要が回復しても、急いで金融刺激策のギアを元に戻そうという動きは見られなかった。リバウンドした需要に加えて、供給制限（要するに、パンデミックのさまざまな後遺症）が大きな問題になりつつある、という証拠が続々と積み上がっていたにもかかわらず、だ。その不幸な結果として起きたのが、インフレだった。

私たちの「行動」によっても、「お金」と「物価」の関係が変わる

さて、一定の結論を出す頃合いだ。マネタリストや貨幣数量説論者たちの考えは、100%正しいわけではないかもしれないが、彼らの名誉のために言っておくと、非常に重要な点では正しい。お金は、確かに重要なのだ。あまりにも多くのモノが、あまりにも安価に提供されると、「初期条件」や公的機関の「信頼性」とは関係なく、インフレが生じることもある。

だが、中央銀行や政策立案者たちは、危険を承知で貨幣供給量の伸びを無視している。1930年代初頭、Fedは貨幣供給量の激減を見すごし、その結果として、ただの景気後退で済むはずのものを大恐慌へと変えてしまった。

パンデミックの初期には、こうしたデフレへの恐怖（物価安定に対する態度の大きな偏りの表われ）が、あまりにも長期間、あまりにも緩和的な金融政策を放置することにつながり、少なくともアメリカでは、貨幣供給量の伸びが激しくなりすぎてしまった。

パンデミック後のインフレ率の上昇の根本原因は、ロシアによる2022年のウクライナ侵攻でも、中国の継続的なロックダウンでもなく、この金融政策の放漫にこそあるとい

っていいだろう。

しかし、**お金《かね》やインフレに対する人々や企業の態度も、少なくとも金融情勢そのものと同じくらい重要だ。**そのことが明白な事例もある。たとえば、金利が一定の場合、株式市場の暴落は株式市場の高騰と比べ、まったく経済成長の追い風にはならないだろう。

しかし、見通しが不透明な事例もある。1790年代のアッシニア紙幣の発行者たちは、その実験的な新通貨があそこまで露骨に拒絶され（貴金属による確かな裏づけがなかったことも一因だったが）、恐ろしいまでの「貨幣」価値の暴落を引き起こすなどとは想像しただろうか？　政策立案者たちは、世界金融危機の最中、ホールセール資金調達（銀行による市場からの短期の資金調達）の金利が急上昇すると容易に予測できただろうか？　これは、大手金融機関が、相手のバランスシートに無価値な「準貨幣」が大量に存在するのを恐れ、お互いを信用しなくなったというサインだ。

そして、何十年と物価圧力が息を潜めていたのに、インフレが突然冬眠から目を覚ましたら、人々や企業の態度に何が起こるだろう？　まるで金融当局にはインフレを抑制する唯一無二の力があるとでも言わんばかりに、金融当局の指令を喜んで鵜呑みにするだろうか？　それとも逆に、インフレのスムーズな抑制が難しくなるような形で、人々や企業の態度に変化が表われるだろうか？

特に、不換紙幣（金や銀などの現物への兌換（交換）が保証されていない法定紙幣）の世界では、インフレがついに抑制されたと信じ込む政策立案者たちは、有頂天状態になってその逆の歴史的証拠を無視してしまうことが多い。

貨幣価値がゆっくりと（または急激に）下落することはあっても、上昇することは珍しかったこの100年間から学べる教訓が1つある。政策立案者たちは、直近の過去がこの先すべての未来の確かな指針になる、とたやすく信じ込んでしまう、ということだ。確かに、指針になる場合もあるが、それは毎回ではない。**お金《かね》とインフレの相互作用は、決して中央銀行の技術家たちの判断だけでなく、私たち全員の行動によっても決まる。**ときには私たちの行動が、中央銀行家たちの失敗の可能性を高めてしまうこともあるのだ。

さて、次は政府の役割について考えてみよう。私たちの統治者たち（民主的に選ばれたのかどうかはともかく）は、実は本人が認める以上に深くインフレとかかわっているのだ。

第3章

政府は常にインフレの誘惑に負ける

アメリカ南北戦争の代償。その後の平和の代償。ブラジル流のインフレ政策。インフレの財政的な皮算用。リチャード・バートンとエリザベス・テイラーの関係。量的緩和の危険性。全力でユーロを救おうとする欧州中央銀行の決意。歴史に照らした現代貨幣理論（MMT）の愚かさ。

この1世紀で最も成功した通貨

銀行券のなかには、その真の価値についての漠然とした約束が刻まれているものもある。今となっては、これは過去の言葉の名残にすぎなくなった。現代のイングランド銀行発行のポリマー製20ポンド紙幣には、「要求に応じ、この紙幣の持参人に総額20ポンドを支払うことを約束する」との文言《もんごん》が記載されている。かつては、こうした紙幣の所有者は、イングランド銀行までひとっ走りして、紙幣と引き換えに同額の金《きん》を受け取ることができた。

だが、この貨幣と金の結び付きは、イギリスが金本位制を離脱した1931年をもってプッツンと断ち切られることになる。それ以来、イングランド銀行のこの約束は、通貨安定化のための努力という形でごく漠然と果たされてきたにすぎない（その努力の多くは短命に終わったが）。たとえば、ブレトン・ウッズ為替相場制への参加。貨幣供給目標。独マルクに対するポンドの固定。欧州通貨制度（EMS）の為替相場メカニズムへの一時参加。そして1992年以降のインフレ目標の順守など。

しかし、イギリスの物価水準がこの100年間でどれだけ激しく上昇してきたかを考えると、イングランド銀行の「支払いの約束」は、かつてよりもずっと頼りないものになってしまった、と結論づけるのはしかたのないことなのかもしれない。それは、金本位制との結び付きを断ち切った政府に与えられた金融政策の自由の裏返しなのだ。

明らかに、国内と外国為替の両面で価値を目減りさせている英ポンドには、もはや往年の強力通貨の面影などみじんも感じられない。この1世紀前後で最も成功した通貨は、当然ながら米ドルといっていいだろう。特に、世界じゅうでほぼあまねく受け取ってもらえる、という事実がその何よりの証明だ（破滅的なインフレによってときおり価値を失ってきたのは事実だが）。

ドルはもはや、金との結び付きに関する（現在や過去の）約束に思い悩むことはない。[*1] それでも、神への信頼には頼っているようだ。すべての始まりは、アメリカ南北戦争中の1864年貨幣法にあった。これにより、財務長官が小額の硬貨に「In God We Trust（われわれは神を信じる）」という文言を追加することが認められたのだ。

翌年、議会はさらなる法案（くしくも、エイブラハム・リンカーンがジョン・ウィルクス・ブースに暗殺される前に署名した最後の法案）を議決し、同じ文言が新造される金貨と銀貨の特徴の1つとなった。

不思議なことに、この魔法の文言が紙幣に表記されるまでには、あと90年待たなければならなかった。1955年、フロリダ州選出下院議員のチャールズ・E・ベネットが、すべての紙幣と硬貨に「In God We Trust」という文言を追加することを義務づける決議案を議会に提出する。

彼はいかにも愛国的で宗教心の強い説教を繰り広げた。「神を信じる感情は普遍的で不朽のものだが、この4つの単語は（中略）わが国固有のものだ」。冷戦がピークを迎えるなか、彼はさらにこうつけ加えた。「帝国主義的で物質主義的な共産主義が自由の攻撃と破壊を試みる昨今、われわれはわが国の自由の基礎を強化する方法を絶えず探し求めなければならない」[*2]

南北戦争時、なぜ南部だけが強烈なインフレを経験したのか

あとから見れば、南北戦争終結後の数十年間で、米ドルの信頼性は誰も想像しないくらい高まった。南北戦争の最中に限っていうと、連邦ドルの価値は金との比較で半分になった。それ以前の紛争と同じく、政治的に物議を醸す増税や非軍事支出の削減に頼るよりも、通貨を乱発して軍備増強の財源を調達するほうがはるかに手軽だったのだ。その結果、物価は上昇し、平均的な労働者の「実質」所得、ひいては実質支出も減少した。

しかし、南北戦争が終結した1865年から1879年までのあいだに、戦時中の金に対するドルの価値の低減は、完全に埋め合わせられた。経済産出量がいまだかつてないスピードで上昇するなか、世界的な金不足はすでにアメリカなどの国々で物価を押し下げていた。しかし、それに加えてアメリカ政府は、アメリカ独立革命やその少しあとのフランス革命の最中に見られたようなインフレが再び起きることを恐れていた。

そのアメリカ政府の恐怖に油を注いだのが、南部と北部の金銭的利害を比べたときに、北部のほうが優位である、という事実だった。北部の資本家は南部の農家にお金《かね》を貸し付けていたため、物価下落により南部から北部への債務支払いの「実質」価値が増した。こ

うして、北部はますます富み、南部はますます貧しくなった。戦前の平価への復帰はいわば、南北戦争の経済的費用の大部分を元連合国〔南北戦争において南部諸州が結成した国家〕に負担させるメカニズムとして働いたわけだ。

こうしたデフレ政策の終了を求める者もいた。その筆頭格が政治家のウィリアム・ジェニングス・ブライアンだ。「金の十字架の上に人類を磔《はりつけ》にしてはならない」という演説で有名な彼は、銀本位制への復帰を主張した。彼の主張が通れば、デフレは一気に失速したことだろう（金に対する銀の価値はすっかり下落していたため）。

しかし、アメリカ政府の腰は重かった。政府は、短命に終わった連合国こそが猛威を振るうインフレの根源であり、敗北した南部を救うために「お金《かね》を刷る」など言語道断だ、と考えていた。

南北戦争は、確かに連合国ですさまじいインフレを招いていた。実際、1861年初頭から戦争末期にかけて、南部の物価は90倍になった。追加の現金発行も1つの原因ではあるが、貨幣の印刷だけが物価高騰の理由ではなかった。通貨への信認が驚くほど急激に崩壊し、連合ドルを保有する人々が一刻も早く現金を手放したくなったのだ。

要するに、農業を主とする南部では工業化した北部には経済的に太刀打ちできない、という不安から、貨幣の流通速度が劇的に高まったわけだ。あるしわだらけの南部連合軍兵士のこんな言葉が、当時の状況を如実に物語っている。「戦前は、お金《かね》をポケットに入れて市場に出かけ、買ったものをかごに入れて帰ってこられた。それが今じゃ、お金《かね》をかごに入れて出かけ、買ったものをポケットに入れて帰ってくる有様さ*3」

連合国の物価は賃金の2倍のスピードで上昇し、当然ながら、強欲な事業家たちにその責任がなすり付けられた。価格上限は課されたものの、その時点ではもう社会にお金《かね》があふれかえっている状態だったため、まるで雨漏りする屋根を絆創膏《ばんそうこう》で補修するような効果しかなかった。一方、連合軍兵士たちの運命も幸運とは言いがたいものだった。実質ベースで見ると、平均的な兵士の賃金は激減したため、戦争末期には、多くの兵士が名誉だけのために戦っている状態だった。

北部では、南北戦争前のドルの価値が（最終的には）回復した。少なくとも債権者にとっては、「In God We Trust」という標語がお金《かね》の長期的な価値を保つのに効果てきめんだと証明されたのだ（北部の債務者はもう少し冷ややかな目で見ていたかもしれないが）。

しかし、連合国の住民からすれば、お金《かね》の神とは報復の神だった。最初は名目賃金の実質価値をむしばむインフレの脅威を通じて、その後は名目債務の実質価値を膨れ上がらせるデフレの悪魔を通じて、人々の暮らしを破壊し尽くす神だ。ほかのどの状況と比べても、戦時中は、政府の財政政策（増税であれ、財政支出であれ、貨幣の印刷であれ）が物価、インフレ、所得や富の分配に深い影響を及ぼすことを証明している。なるほど、「われわれは神を信じる」とはよく言ったものだ。それは政府財政やインフレに関する信用がかくも壊れやすい、という事実の裏返しなのだ。

政府の派手なインフレ政策は、金利上昇と為替レート悪化を招く

政府債務が持続可能かどうかを決める要因は、インフレがときにこれほど魅力的な選択肢になる理由を説明するのに役立つ。ごく単純化していうと、ある年から翌年までの政府債務の残高の変化は、既存の債務残高に対する利払いと、その年の歳出をまかなうために政府が借り入れる額（その利払いを除く）によって決まる。これらすべてを経済全体の合計価値と比較し、その価値が十分急速に拡大していれば、額面上は債務が増加しているとしても、今や価値の増加した経済と比較して、相対的に債務が減少している、という状況もありうる。つまり、ごくおおざっぱにいえば、そこまで急速に税収が増えなくても問題ない、ということだ。

しかしながら、**経済全体の価値は、経済活動の量（取引量T）と物価水準Pの両方によっ**

て決まる。貨幣数量説（第2章で紹介）の観点からいうと、価値はP×Tで表わされる。一定量の経済活動に対する物価水準Pが上昇すればするほど、一定量の経済活動に対する経済活動の価値は高まる。言い換えると、**その他の条件がすべて同じならば、経済のインフレ率が高ければ高いほど、政府債務は持続可能になる。**

　ところが、経済に関する論理的関係には珍しくないことだが、「その他の条件がすべて同じならば」という但し書きが実はくせ者だ。**政府がインフレの力を借りて債務を帳消しにできる、という考えには実は大きな問題がある。それに応じて金利も上がる可能性があるのだ。**[*4]

　具体的に言おう。政府が派手なインフレ政策に乗り出そうとしている、という気配を察した投資家たちは、その埋め合わせを要求するだろう。そして、埋め合わせが得られなければ、政府への貸し付けを拒絶するようになるかもしれない。その結果、**金利はいっそう上昇し、外国の貸し手が一目散に逃げ出すと、為替レートが悪化する可能性が高い。**

　こうなると、政府は究極の二択を迫られる。増税や公共支出の削減を通じて財政政策の引き締めに向かうか（少なくとも短期的に見れば、これは政治的に受け入れがたい選択かもしれない）、さもなくば債権者たちの予測を超えるインフレを生み出し、政府債務を「帳消し」にするか（為替レートの悪化により輸入価格が上がり、賃金労働者が我先にと現金を手放そうとすれば、このプロセスは拍車がかかる一方だろう）、その二者択一を。

高インフレと共存しようとしたブラジルの末路

公正を期すために言っておくと、企業と労働者、政府と一般家庭、借り手と貸し手がみな、比較的高いインフレ率を予想し、その高いインフレ率が新たな「定常状態」となるような世界を想像することは可能だ。実際、第二次世界大戦後の数十年間でそんな世界を生み出そうとし、今日の先進国ではとうてい受け入れられないインフレ率との共存を試みた国がある。ブラジルだ。

たとえば、1950年から1970年にかけて、ブラジルの卸売物価は年率30％上昇し、長期にわたって貨幣の破壊が進んだ。しかし、その一方で、実質国民所得も年率6・4％拡大した。

表面的に見ると、第二次世界大戦後の数十年間は、貨幣の面でブラジルにとって昏迷の時代だったといえる。1942年に導入された最初の通貨「クルゼイロ」は、あまりにも急速に価値を失っていったため、1967年、当初「新クルゼイロ」と呼ばれた通貨に置き換えられた。1新クルゼイロの価値は、1000旧クルゼイロだった。それでも、どういうわけか、ブラジル経済は繁栄し続けた。少なくとも総計を見るかぎりは。

しかし、水面下では無数のひずみが生じていた。非常に高いインフレ率にともない、実質金利がどんどんマイナスに傾斜していった。事実上、ブラジル企業はお金《かね》をもらって、生産性や利益性がこれといって望めない投資に着手していたわけだ。設備投資の量は多かったものの、将来的なリターンに期待できないことは目に見えていた。単純に、投資のハードルレート〔投資判断の際に上回らなければならない最低限の利回り〕が低すぎたのだ。

一方、「貨幣価値修正」と呼ばれる一連の物価スライド方式を通じて、インフレが制度化された。そして普通は、大きな政治的影響力を持つ人々ほど、大きなインフレの「見返り」を受け取った。所得格差の問題が深刻化した1つの背景はそこにあったのだ。

1970年代に入ってもなお、ブラジルの奇跡は順調に続いているように見えた。為替レートはたび重なる急落に見舞われたが（1974年だけで、米ドルに対して11回の切り下げが行われた）、特に他国で起きた石油関連の大混乱を踏まえれば、経済成長はきわめてよく持ちこたえていたといっていい。

実際、1970年代の国民所得の平均年間成長率は8・2%と、それまでより改善を見せた。インフレはいっそう加速していたが（卸売物価は年率約37%上昇した）、正直なところ誰がそんなことを気にするだろう？　ブラジルの経済は、従来の経済的思考を180度覆してしまったように見えた。

しかし、ブラジルの運（実際、運だった）もそこまでだった。従来の経済学が再び牙を剥いたのだ。1970年代中盤以降、1973年の原油価格の高騰の影響で世界の産油国が蓄積したオイルマネーが、アメリカの銀行システムを経由してラテンアメリカにドッと流れ込んだ。この石油収入の再利用により、少なくとも当時の基準で見れば驚くほど低金利の融資が容易に得られるようになった。

ブラジルの対外債務は急増したが、ブラジルに対する債権者たちの寛容な態度も、一時的なものにすぎなかった。1980年を迎えると、ブラジルの経常収支赤字が国民所得の9％へと近づき始める。不幸にも、ポール・ボルカー率いるＦｅｄがアメリカ国内のインフレを抑制しようとした影響で、アメリカの金利が急上昇するなか、外部から必要な資金を調達するブラジルの能力は急速に衰えていった。つまり、どうにかして経常収支赤字を縮小する必要があった。それも、一刻も早く。

その結果、為替レートが急落した。不幸にも、すでに定着した賃金と物価のスライド方式のせいで、為替レートの下落（つまり輸入価格の上昇）は、国内インフレの急激な加速を促す一方だった。国内の賃金と物価の上昇騒ぎのなかで、待ち望まれた競争力の改善は雲散霧消した。

年間インフレ率は、1980年代初めにおよそ100%まで上昇したが、その後はいっそう勢いづき、80年代全体で見るとなんと平均300%にも達した。当然、2代目「クルゼイロ」通貨は「クルザード」に置き換えられ、そのクルザードも1989年には「新クルザード」に置き換えられた。

それでも、崩壊は止まらない。90年代、ブラジルのインフレ率は年間200%を記録する。その一方で、1人当たり所得はほとんど動かなかった。こうなるともはや、インフレ率の上昇を、生活水準の急激な向上に見合う対価だと言い張るのは強弁というものだった。

ブラジルのハイパーインフレが残した3つの教訓

ブラジルは、確かに行きすぎたインフレの極端な例だ。それでも、学び取るべき教訓はある。

――教訓1――インフレは著しい格差社会を生み出す

第一に、**数年間、さらには数十年間、高インフレと共存できる場合もあるが、それでもインフレは著しい格差社会を生み出しかねない**、ということ。ブラジルの場合、たとえば政治的影響力を持つ人々だけが、物価スライド方式の完全な庇護を受けることができた。ごく単純にいえば、富める者はますます富み、貧しき者は置き去りにされたわけだ。最終的な成功は、一握りの恵まれた人々だけが得られる特権だった。

――教訓2―― 近隣諸国は簡単に手のひらを返す

第二に、近隣諸国の甘やかしがあれば、高インフレと共存するのはラクになるが、**そうした甘やかしは、1980年代初めに見られたような世界規模のマクロ経済環境の変化により、手のひらを返したように消え去ってしまう場合もある**、ということ。

――教訓3―― 結局インフレは政治的な選択である

第三に、高インフレを選ぶかどうかは、究極的には政治的な選択である、ということ。票ほしさのために、収税を渋ったり、過剰な公共支出を行ったりしているような**財政状態の悪い国々にとって、インフレ政策は近視眼的ながらも魅力的な選択肢になりうる**。しかし、いつまでも矯正しないままでいれば、近視が最悪の事故を招くことだってあるのだ。

中央銀行の独立性は、1国を除いて「絵空事」である

中央銀行の独立性は、少なくとも政策決定に関するかぎりにおいて、金融政策と財政政策の結び付きを断ち切るために生まれた。その目的は、中央銀行が周期的な選挙の横暴から逃れ、インフレファイターとしての信頼を強化することにあった。

独立したドイツ連邦銀行（ブンデスバンク）を手本にする中央銀行は1970年代から80年代にかけてますます増えていったが、他国とドイツには1つだけ大きな違いがあった。ハイパーインフレの歴史を身にしみて知っていたドイツ国民は、利上げという形で、民主的に選ばれた政府の放漫財政にときおり歯止めをかけてくれる金融当局の存在に満足していた。しかし、他国の中央銀行は、そこまで全面的な後ろ盾を得ていたわけではない。そのため、金融政策と財政政策の「分離」は、ほとんど絵空事と言わざるをえない状態だった（今もそうだが）。

歴史を見れば、財政の都合が金融の安定より優先された例はごまんとある。この金融政策と財政政策という2つの大きなマクロ経済の「てこ」は、エリザベス・テイラーとリチャード・バートンの経済版とでもいえるだろう。二度の結婚と離婚を経たその2人のハリ

ウッドスターは、おそらく1984年にバートンが亡くなった時点でも愛し合っていたに違いない。ときどき離れることはあっても、必ずまた結ばれる運命にある一蓮托生の相手として。[*5]

3つの政策
「金融政策」と「財政政策」が結び付いた

21世紀の最初の20年間で、金融政策と財政政策は3回の「結び付き」を果たした。1回目が量的緩和、2回目が欧州中央銀行のソブリン債プログラム、そして3回目が、まだ現実というよりは概念的な段階にすぎないが、現代貨幣理論（MMT）である。そして、そのたびにインフレリスクは高まった（または、高まりつつある）といっていい。

政策1
量的緩和
──中央銀行が国債を買い入れ、市場に資金を供給する

量的緩和が日の目を見たのは世界金融危機の最中だった。当時、公式の短期金利を引き下げることなく金融刺激を与えようとする行為を表わす用語は、各国の中央銀行ごとに異なっていた。たとえば、連邦準備制度（Fed）は「資産購入プログラム」と呼んだ。比較

的幅広い資産がFedのバランスシートに加わったからだ。一方、イングランド銀行は、おおむねギルト債（国債または「借用証書」）の買い入れにこだわった。最終的に定着したのは、イングランド銀行の用語だった。

中央銀行が量的緩和を採用した理由の1つは、**従来型の金融政策が弾切れを起こしつつあった**からだ。当時、短期金利はゼロへとまっしぐらに向かっていた。現金の名目金利はゼロが保証されていたから、中央銀行が無能とみなされるのではないか、という恐れが広まるのは無理もなかった。

そうなれば、人々は新たなる大恐慌の始まりを予期し、現金を貯蔵し始めるかもしれない。その貯蔵行為がこんどは、需要の急減、デフレの始まり、倒産の増加、失業の急増といった、人々が最も恐れていた事態をドミノ倒し式に引き起こすだろう。そういう意味では、ルーズベルト大統領が大恐慌真っ只中の1933年に大統領就任演説で訴えた信念は、核心を突いていた。「われわれが恐れるべきはただ1つ、恐れそのものである」[*6]

量的緩和が採用されたもう1つの理由は、**政策金利と経済全般のあいだのいわゆる「波及経路」が壊れてしまった**のではないか、という疑念にあった。本来、低金利はお金《かね》を借りたい人々を増やす働きがあるが、相次ぐ銀行破綻のせいで、生き残った銀行もおいそれとお金《かね》を貸し出せない立場に追いやられた。まるで、経済の「配管」が故障してしまったようなものだ。

中央銀行はいわば経済の壁に設置された温度調節器で、金利を上げ下げすることはできたが、肝心の商業銀行のボイラーにはもはや往年の馬力《ばりき》が残っていなかった。その点、量的緩和は、経済の「再配管」を促すための策だった。**中央銀行がさまざまな満期の国債を買い入れ、その期間内の借り入れコストを低くすれば、年金基金や保険会社は、今や超低利回りとなった国債の購入を通じて、「安全策」で将来的に予想される債務を果たすことはできなくなる。**かわりに、**より高いリスクをともなう資産に投資し、保険契約者により高いリターンをもたらす方法を探る必要が出てくる**だろう。

その目的は、リスク資産の価格上昇を促すことで、企業が資本市場を通じてより簡単に資金を調達できるようにすることだった。[*7] 別の資金調達源を強化できるなら、なぜ銀行の貸し出し能力のなさを心配する必要があるだろう？　この方策は一定の成果を見せ、株価や社債価格は高騰した。しかし、資本支出に加速はほとんど見られず、経済成長はおおね歩みを止めたままだった。確かに配管は切り替えられたが、経済が実際に暖まってきている、という証拠はほとんど見受けられなかったのだ。

量的緩和の結果、インフレの「早期警報システム」が失われた

やがて、もともとは一時的な金融支援策にすぎなかったはずの緊急措置が、政策決定分野における半ば定番の特徴へと変わっていった。経済がかつての成長率になかなか戻らないこともあり、デフレへの恐怖はいっこうに消え去らなかった。

しかし、失業率が着実に減少するなか、政策立案者たちが直面する経済問題は、需要の欠如よりもむしろ供給の不足から生じているように見えた。つまり、生産性の伸びが悲しいくらいに弱かった、ということだ。

たいていの場合、金融刺激策は生産性向上にはほとんど効果がない。むしろ、1950年代と60年代のブラジルのように、ムダで生産性の低い民間部門の投資を過剰に促し、状況を悪化させてしまうこともある。しかし、量的緩和は別の作用を及ぼす。国債を買い上げ、中央銀行のバランスシートに加えることで、かつて政府がいわゆる「債券自警団」〔インフレを誘発する金融政策や財政政策に対し、債券を売り、利回りを上昇させて抗議する債券市場の投資家〕から得ていた規律を排除するメカニズムとして働く。

この貪欲な投資家たちは、財政や金融の弱点を探して金融界のサバンナをうろつき、弱

点を見つけるやいなや飛びかかる。すると、その債券市場は強烈な売り圧力にさらされ、政府の借り入れコストが急増し、自警団が愚策とみなした政策（当然、その見方が常に公平とはかぎらないのだが）を覆す方向に圧力が働く。[*8]

量的緩和はいわば、債券自警団を黙らせる（少なくとも別の餌場へと追いやる）メカニズムなのだ。その結果、かつての規律は失われた。政策立案者たちは、安定した動きを見せる債券市場を指差して、自分たちの政策が順調だと言い張ることができるのだ。

しかし、債券市場の安定は、ただの幻にすぎない。結局のところ、中央銀行による国債の大量買い入れは、国債価格を自由市場価格から乖離させるための一種の資産市場の国有化にほかならない。

その1つの結果として、**債券市場はもはや、潜在的な政策の誤りを知らせる「早期警戒システム」としての機能を果たさなくなる。**そうした早期警戒システムがなければ、インフレリスクに関して後ろ向き《バックワード・ルッキング》（現在や過去の情報をもとに予想を形成すること。↕前向き《フォワード・ルッキング》）の慢心が生まれ、インフレの脅威がレーダー画面上に映し出されたときにはもはや手遅れになってしまう。

事実、2021年から2022年にかけてインフレ率が高騰したときも、初め国債利回りは過去と比べてわずかしか上昇しなかった。これは1つに、短命のインフレのあとには景気後退が待っており、中毒性のある量的緩和がさらに必要になるだろう、という考えが金融市場の内部にあったためだ（おもしろいことに、その考えは一般家庭や企業とは必ずしも共有されていなかったが）[*9]。

しかし、この立場は、一定水準の経済活動に対し、インフレ率が過去と比べて著しく上昇する瀬戸際にある、という可能性とは相容れなかった。投資家たちは、1960年代や70年代の先人たちと同じ過ちを犯そうしているように見えた。

場合によっては、**量的緩和は不幸にも、本来独立しているはずの金融政策の使用にともなう「政治リスク」を増加させてきた。**簡単にいえば、金融政策と財政の持続可能性とのあいだにある複雑な関係のせいで、連携した金融引き締めから生じる財政的な影響は、いまだかつてなく高まっているのだ。

量的緩和下で短期金利が高いと財政が苦しくなる

イギリスは、この深刻化する問題の最も明白な例かもしれない。量的緩和は会計的には比較的わかりやすい[*10]。イギリスの場合、英国債（ギルト債）の買い入れは、イングランド銀行の「資産購入ファシリティ」なる機関を通じて行われる。その資金は追加の中央銀行準備預金をつくり出すことによって調達される。準備預金とは、要するに市中銀行がイングランド銀行に預ける預金である。

こうして、政府部門全体（政府＋イングランド銀行）にとっては、英国債という形の負債が、中央銀行準備預金という形の負債に置き換わった。こう聞くと、たいした害はなさそうに思えるが、やはり国家財政にとっては重大な意味合いを持つ。

2022年、英国債の平均満期は約13年だったが、中央銀行準備預金は翌日物の資金に相当する。イングランド銀行の設定する翌日物の政策金利が異常に低ければ、政府部門全体にとっては節約になる。量的緩和がなかった場合と比べて、銀行準備預金に対する利払いが英国債に対する利払いより少なくて済むからだ。つまり、緩和的な金融政策の期間には、財政上の偶発的利益が得られるわけだ。

だが、その逆もまた真なり、だ。緊縮的な金融政策の期間には、財政上の偶発的損失が生じる。政策金利が高くなると、量的緩和がなかった場合と比べて、銀行準備預金に対する利払いが英国債に対する利払いを上回るからだ。

要するに、**量的緩和の必然的な結果として、公的債務の満期構成が全体的に短期化し、金融政策決定に対する財政的な感度が増加する**。短期金利が低い期間は、財政の安定性の向上に役立つが、短期金利が高い期間は、その正反対の作用を及ぼす。政府債務が過去と比べて非常に多い場合は特にそうだ。*11

量的緩和は、金融政策と財政政策の関係性についていえば、エリザベス・テイラーとリチャード・バートンの声が常にあの世から聞こえてくる、ということを証明している。

ここでも、「その他の条件がすべて同じならば」という但し書きが成り立つ。金利の上昇と潤沢な税収の両方をともなう生産性主導の強力な景気回復は、財政の持続可能性の観点から見るとさほど心配ではないだろう。実際、アメリカのジョー・バイデン、イギリスのボリス・ジョンソン、ニュージーランドのジャシンダ・アーダーン、カナダのジャスティン・トルドーなど、左から右まで多様な政治家たちが後押ししてきた「よりよい復興《ビルド・バック・ベター》」というパンデミック後の壮大な目標は、高成長、高税収、高金利という経済的成果と矛盾するものではなかった。

しかし、あとから見れば、「よりよい復興《ビルド・バック・ベター》」を強烈に成し遂げた経済はこれといってなかった。確かに、ほとんどの場合、経済活動の価値は急上昇したが、それは国民所得の量が低迷するなか、過剰なインフレが起きた結果にすぎなかった。

その過剰なインフレはといえば、1つに臆病な中央銀行の恐怖から生じたものなのかもしれない。財政に神経質な政府から、中央銀行が政策金利をあまりにも拙速に引き上げたせいで財政の収支が悪化した、という非難を浴びることへの恐怖だ。なんといっても、合言葉は「よりよい復興を果たそう」であって、「政府のお金《かね》を使い尽くそう」ではなかったのだ。

政策2

ECBのソブリン債プログラム
――ユーロ南部の救済措置

アメリカが南北戦争直後に直面した経済や財政の問題が、スケールこそ数段階下がったとはいえ、ユーロ圏に戻ってきた。問題が初めて表面化したのは、世界金融危機後のユーロ圏の債務危機だった。実際には、債務危機というよりは国際収支危機と呼ぶほうが正しかった。

北ヨーロッパの貸し手（アメリカ南北戦争の勝者たちに相当）は、それまで周辺のユーロ圏（元連合国に相当）へと流し込んできた資金がいったいどうなってしまうのか、ますます心配になった。そうして起きた一連の「急停止《サドンストップ》」（外国資本の流入が突然停止すること）は経済の崩壊を引き起こした。その最たる例であるギリシャは、経済や金融の破局的なメルトダウンに見舞われているようだった。

この危機の最大の兆候は、少なくとも金融面でいえば、各国の国債間のスプレッド（金利差）の広がりにあった。ポルトガル、イタリア、アイルランド、スペイン、そして特にギリシャの各政府の借り入れコストが、たとえばドイツやオランダと比べて相対的に上昇したのだ。

表面的には、高まるデフォルト（債務不履行）リスクのなかで、市場が価格を調整しているだけのように見えたが、真実はもう少し複雑だった。**投資家たちがユーロ圏の存続に不安を抱き始めた**のである。

ここでのポイントは、主権国家の内部では当然とされている地域間の財政移転制度が、主権国家間では存在しないに等しい、という事実だ。だとすれば、財政のひずみが溜まり、やがてユーロ通貨を崩壊させ、ユーロ加盟国が嫌々ながらも自国の通貨を復活せざるをえなくなるかもしれない。

こうした状況下では、債券市場が通貨市場の代わりを果たすのは無理もなかった。たとえば、明日、急速に価値を失っていくイタリアの独自通貨が復活するかもしれないと不安になった投資家は、今日イタリア国債を保有することに対して余分な見返り［金利上昇］を求めた。しかし、イタリアの金利上昇は、同国を根強い貧困に追いやろうとしていた。

ECBが「ユーロ存続の保証人」まで請け負うようになった

そのときだった。当時の欧州中央銀行（ECB）総裁のマリオ・ドラギが、「魔法の言葉」を唱えたのは。彼は共通通貨であるユーロとその大船に乗る全員の未来を守るため、「必要なことはなんでも」すると約束した。[*12]

それ以降、**建前上は有能なインフレファイターだったECBは、ユーロ存続の実質的な保証人となった。**いわば、財政的に孤立無援の状態にある政府の債券を買い入れ、システム全体の崩壊を防ぐことを請け負ったわけだ。気づけば、ECBは3つの（ひょっとするとぶつかり合う）役割を担うようになっていた。1つは物価安定の守り手、1つは最後の貸し手、そしてもう1つは、新たに加わった国債市場の最高救済責任者の役割だ。

インフレ率が目標値を下回り、正真正銘のデフレに向かいかけているときは、これらの役割どうしがぶつかり合うことはあまりなかった。継続的な金融刺激策と徹底的な国債買い入れの約束は、ECBの金融目標と、ユーロ圏の一体性を維持したいという欲求、その両方にかなうものだった。

潮目が変わり始めたのは、2021年終盤のことだ。インフレ率の高騰にともない、国債のひずみに関する緊張が再燃したのだ。その年の大部分の時期、イタリアの10年物国債利回りは、ドイツの10年物国債利回りと比べ、およそ1・25%ポイント高い状態を保った。年末になると、スプレッドは1・5%ポイントに広がり、7カ月後には一時2・5%ポイント以上に広がった。

たしかに、ドイツと非ユーロ圏の国々（アメリカ、カナダ、オーストラリアなど）とのあいだのスプレッドほど広くはなかったが、この指摘は率直にいうと的外れだ。ユーロ圏の外部には、為替リスクが存在する。しかし、ユーロ圏の内部には建前上存在しない。

この新たな市場の混乱に対してECBが取った対応とは、「政策波及保護手段（TPI）」なるものを導入することだった。[*13] その目的は、「金融政策の効果的な波及を後押し」し、「金融政策のスタンスがユーロ圏のすべての国々へとスムーズに伝わる」ようにすることだった。より具体的にいうとこうだ。

〔TPIは、〕ユーロ圏への金融政策の波及にとって深刻な脅威となる不当で無秩序な市場の動向に対抗するために発動できる。（中略）ユーロシステム（欧州中央銀行とユーロ圏各国の中央銀行で構成される機関）は、当該国のファンダメンタルズ（経済の基礎的条件）に照らして不当な資金繰りの悪化に見舞われている地域で発行された証券を流通市場で購入できるようになる。[14]

ECBの判断は理解できなくもないが、ECBによる介入は、債券市場の一部を「国有化」する新たな試みにしか見えない。だいたい、何をもって「不当」とか「無秩序」とみなすのだろう？　本当に、ドイツのフランクフルトに拠点を置くたった1つの委員会が、政策金利の適切な水準だけでなく、ユーロ圏の各国政府の借り入れコストについてまでどうこう言えるというのか？　中央銀行は単なる金融市場参加者とはちがって不均衡を評価できる全能な機関である、という考え方が再び姿を現わしたのだ。

ユーロ北部が損をしようがインフレは放置される

TPIは、無秩序な市場というよりもむしろ、インフレ懸念の高まりによる国債スプレッドの拡大に対応するために生まれた。この問題について検討する別の方法として、ユーロ圏の各国経済において許容できるインフレ率について考える、というものがある。

たとえば、2022年、ドイツとイタリアはいずれもウラジーミル・プーチンの天然ガスパイプライン政治の矢面に立たされていた。9月になると、ドイツのインフレ率はイタリアを上回り、なおかつ2桁%に達した。1970年代の命運とは驚くほど逆だ。当時は、オイルショックの影響でイタリアのインフレ率がうなぎのぼりになるなか、ドイツのインフレ率はほとんど長期的な影響をこうむらなかった。

この点は重要だろうか？　もしかすると、そうかもしれない。適切に機能する通貨同盟には、恵まれた地域から恵まれない地域への税収移転を認める政治的合意が含まれるだろう。煎じ詰めれば、アメリカのマサチューセッツ州とミシシッピ州や、イタリアのミラノとモノーポリのあいだで起きているのは、税収移転にほかならない。

しかも、このプロセスはたいてい自動的に進む。これは連邦（国家）レベルの課税、給付、支出の制度が働いている結果といえる。ユーロ圏には、そのような制度の骨組みだけしかないので、資金調達に関する「緊急事態」が生じるたびに新たな金融「措置」が必要になる。特に、ユーロ圏全体を統括する財務機関が存在しないことを踏まえればなおさらだ。

ここで、インフレを、全国規模（実際にはユーロ圏規模）の財政制度に代わるものと考え、アメリカ南北戦争直後の教訓を活かすとどうなるだろう。当時、北部の債権者には、インフレの定着を許すことに何の関心もなかった。インフレが定着すれば、経済調整のバランスがくるってしまうとわかっていたからだ。インフレ率が高くなればなるほど、南部の債務者にとっては恩恵、北部の債権者にとってはリスクが大きくなる。

ユーロ圏のインフレが及ぼす影響も、おおむね同じと見ていい。インフレが起きると、ドイツやオランダの債権者にとっては、（少なくとも現金や債券という形の）貯蓄が目減りするが、南部の債務はいずれ「帳消し」になる。もちろん、そうしたプロセスは持続的な物価安定と両立しないだろう。

しかし、**インフレを十分に抑制できるくらい金利を上昇させることの代償が、近い将来のユーロ圏の崩壊だとしたら、ECBがもうしばらく高インフレを黙認するのは目に見えている。**こうした状況では、高インフレが財政移転代わりのメカニズムとして機能するだろう。要するに、好むと好まざるとにかかわらず、ECBは財政の縄張りへと引きずり込まれたのだ。インフレとは、究極的には財政的なツールだからだ。テイラーとバートンの関係性は、ここでも健在だ。

政策3 MMT――歴史を無視している概念

インフレは死んだように見えた。となれば、新たな経済的概念が生まれるのはおそらく不思議ではなかった。結局のところ、低インフレの実現は経済的な万能薬ではないとわかった。一部の国の失業率はいまだ高く、地域間の不均衡は大きく、国家内部の所得格差は巨大で（国家間では狭まっていたが）、技術進歩とアウトソーシングのダブルパンチにより、少なくともヨーロッパや北米の一部の労働者は先の見えない仕事に閉じ込められているように見えた。

提唱者たちいわく、その部分的な解決策を提供するのが現代貨幣理論（ＭＭＴ）だった。この理論の発端は、家庭や企業（やユーロ圏の加盟国）とは違って印刷機が使い放題である政府なら、お金《かね》をいくらでも刷ることができる、という考えにあった。

通貨の「利用者」ではなく「発行者」たる政府にとって、財政赤字など、支払能力の観点から見れば何のことはない。同じく、印刷機が使い放題である政府は決してデフォルトする必要がないので、国債は足かせになりえない。

また、インフレは「貨幣供給量の増加そのものによって引き起こされるわけではなく[*15]」、Ｆｅｄは「失業者をインフレと戦うための手段にしている[*16]」。

さらに、金融政策の効力は、少なくとも刺激という点では限られている。「その主な働きは消費者や企業に借り入れを増やすよう促すこと」だからだ[*17]。財政政策のほうがはるかに効果は高い。「通貨の利用者」である家庭や企業とは違い、通貨の「発行者」たる政府はいつでも貨幣を印刷して債務を穴埋めできるからだ。

ＭＭＴは、１９９０年代以降に見られる従来のマクロ経済の考え方を根底から覆す。Ｍ

MTの考え方とはこうだ。経済の調整には金融政策ではなく財政政策を用いるべきである。マクロ経済の管理は技術家集団である中央銀行家ではなく政治家に委ねるべきである。失業を、インフレ圧力を制御するためのメカニズムとして使うべきではない。中央銀行は、家庭や企業の過剰なレバレッジを促して、経済の回復を生み出すべきではない。政府は、必要なら印刷機を回して、なるべく多くの仕事を生み出すべきである。金融政策ではなく財政政策を通じたインフレ抑制の責任は、政府が単独で負うべきである。そして、投票箱からの圧力があるおかげで、政府は政治的立場を問わずその責任を真剣に果たそうとするだろう。おそらく、インフレが暴走したり、インフレ退治が景気後退につながったりするほど経済の管理を誤る可能性が高いのは、民主的な再選の必要がない人々（特に、中央銀行界隈の人々）くらいのものだろう。

従来のマクロ経済の考え方と同様、MMTの支持者たちはMMTの手法がインフレを抑制し続けるだろう、と信じている。しかし、**MMTが支持者を獲得できたのは、現にインフレがこれほど長く抑制されてきたからだ、というほうがむしろ正しい**のかもしれない。

たとえば、政府に安心してインフレ抑制を任せられるという考えは、正直なところ、歴史的証拠と矛盾する。**ほかのどの機関よりも、インフレに浮かれやすいのが政府なのだ。**それは、政府が印刷機のハンドルを握っているからでもあり、増税、緊縮財政、デフォルトといったインフレに代わる手段が、政治的に許容できないケースが多すぎるからでもある。

MMTの支持者たちは、印刷機さえあれば、公共支出の財源を得るために増税する必要はない、と主張する。彼らにとって、税金の目的は別のところにある。マクロ経済の調整という目的が1つ。そして、少々悪知恵のきく人々から見れば、人民を仕事に行かせることも目的の1つだ。「納税義務は、対価として政府の通貨を求めるモノやサービスの売り手を生み出す[*18]」

しかし、**彼らの世界観には大きな穴がある。政府による印刷機の掌握とインフレを結び付けてきた歴史的現実の大部分を見落としているのだ。**そうした歴史的現実の例の多くは、本書ですでに紹介したとおりだ。

政府借り入れの急増で、誰かの資産が奪われる

究極的には、**政府は増税に代わる狡猾な手段として、貨幣を印刷したいという誘惑に駆られる。**そのメカニズムは状況に応じてさまざまだが、結果はたいてい同じだ。その他の条件がすべて同じならば、インフレ率の上昇を招く金融緩和による政府借り入れの大幅な

増加は、次の作用を及ぼすだろう。（ⅰ）実質金利を低下させることで（現金資産に対する課税に相当）、貯蓄家から資産を奪い取る。（ⅱ）為替レートを下落させ、輸入価格を上昇させることで（輸入品に対する付加価値税の増税に相当）、または物価を賃金と比べて相対的に上昇させることで（稀少資源を軍事転用しなければならない戦時中によく起こるように）[*19]、消費者から資産を奪い取る。（ⅲ）わずかばかりの貯蓄をインフレに強い資産ではなく現金で保有していることが多く、インフレ圧力の上昇に対する効果的な保護について交渉する能力に乏しい貧困者から資産を奪い取る。

逆に、**恩恵を受ける可能性があるのは、住宅ローンを抱える人々、価格支配力を持つ人々（大企業、労組加入の労働者）、そしてもちろん、政府の財政に責任を負う人々だ。**しかし、このプロセスは秘密裏に進むとともに、このうえなく非民主的でもある。

インフレ期にMMT信者が決まって主張すること

おまけに、インフレが実際に姿を現わすと、MMTの支持者たちは、インフレ全般を抑制するかわりに、より問題のある分野（最たる例はエネルギー分野）の需要を制限するか、供給を押し上げることが解決策になる、と主張することが多い。

この考え方の根底には、歴史の不思議な解釈がある。たとえば、1980年代、「最終的にインフレを終結させたのは、中東で交渉された平和条約[20]と、カーター政権下の規制緩和の恩恵を受けた代替エネルギー源、つまり天然ガスの開発だった[21]」という主張がその1つだ。

それと同様のことをする、というのが2022年中盤に出された提言だった。

ウクライナ戦争の解決の交渉が必要だ。また、（長く先延ばしになっている）再生可能エネルギーへの投資も必要だ。（中略）Ｆｅｄにはインフレ率は下げられない。エネルギー価格は下げられないからだ。（中略）バイデン大統領は腹を割ってアメリカ国民に語りかけるべきだ。（中略）不要不急の旅行を避けるよう呼びかけ、（中略）雇用主に在宅勤務を認めるよう促し、（中略）公共交通を全乗客に対して無料化し、（中略）港での滞留を緩和し、（中略）住宅を建設するのだ！[22]

どれも立派な提言だが、この文章が書かれる頃には、ウイルスパンデミックはインフレパンデミックへと姿を変えていた。アメリカのインフレ率を上昇させていた犯人はエネルギー価格だけではなかった。耐久消費財、非耐久消費財、サービス、そして遅ればせながら人件費。何もかもがどんどん値上がりしていった。
平和条約の実現を待つとか、単純に供給が需要に追いつくのを期待するというのは、希望的観測でしかなく、インフレ対策に有効な政策の選択肢とはいえなかった。1940年、ジョン・メイナード・ケインズが有名な著書『戦費調達論』を記したのは、戦争がインフレの元凶だと正確に認識していたからだ。彼の答えは複雑で、戦争終結時まで「消費を繰り延べる」ための貯蓄政策を含むものだった。しかし、彼の提言は、アドルフ・ヒトラーとの「解決の交渉」から始まったりはしなかった。[*23]
単純に、MMTの支持者たちはインフレなど眼中にないのだ、と結論づけたくなる。誰でもそうだが、彼らもインフレが起こらないに越したことはない、と思っている。しかし、**実際にインフレが起きると、彼らは目先の経済的な痛みを避けようとして、あわてて適当な言葉で取り繕ったり、説得力に欠く解決策を提案したりする。**そもそも、印刷機（現代における物価安定の最大の脅威）が政府債務を穴埋めする最も手軽で信頼できる道具だ、と信じる学派なのだから、それもしかたないのだろうが。彼らもまた、財政政策が金融政策から完全に独立していると口では言いつつも、テイラーとバートンと同じ道を歩んでいるのだ。
しかし、従来のアプローチとMMTのアプローチには1つ、大きな違いがある。従来のフレームワークの支持者は、金融政策に対する財政支配（財政当局が先導的な立場に立ち、金融政策が財政政策に従属している状態。〔↕金融支配〕を嫌う。政治的なご都合主義は物価の不安定性を高めるだけだ、と心配しているからだ。

彼らはまた、財政政策と金融政策という2種類の政策的な「てこ」を分離できる、と思い込んでいる。そのほうがすっきりしているからだ。

対照的に、MMTの支持者たちは、財政支配を支持している。その根底には、政府が印刷機の誘惑に逆らえるはずだ、という歪んだ歴史観があるように思えてならない。つまり彼らの世界では、信用できない存在は金融当局だけなのだ。だが、それは虚構の世界であり、じっくりと観察のなされた事実とはいえない。

歴史的に見て、政府はインフレの誘惑に負ける

すべての政府がインフレの道を選ぶわけではない。しかし、政府の置かれている状況は、その政府がいずれインフレの誘惑に屈するのかどうかを判断するうえで役立つだろう。

政府がインフレの道を選ぶ頻度は、1つにその国特有の歴史によって変わる。ブラジルは、たとえば戦後ドイツと比べれば、インフレを許容できる状況だと考えてきた。

インフレは、いわば隠し球のような方法で市民に課税するメカニズムであり、通常は、

たとえば増税のように、その他の歳入確保の手段が政治的に望ましくない場合に使われる。[*24]構造的に、税制にはほかと比べて効果の高いものとそうでないものがある。一部の新興国が先進国と比べ、財政的な選択肢としてインフレに頼りがちな1つの理由がそこにある。

インフレが隠れた税として有効であるという究極の証拠が、戦時中にある。アメリカ南北戦争のような内戦であれ、国家間の紛争であれ、軍事支出の増大と、それにともなう民間支出の減少は、貨幣を印刷し、インフレ率の上昇を促すことで容易に実現できる。

グレート・モデレーション（大安定期）以降、政府がインフレの創造において果たしうる役割を忘れやすくなってしまった。しかし、中央銀行の独立性とインフレ目標政策の有効性、その両方への信頼が広がるにつれて、インフレに優しい制度改革が水面下で「浸透」した。量的緩和や、ユーロ圏でいえばECBの「安定化」に対する役割増大がその最たる例だ。

この浸透は、直接的には、マネタリストたちがよく主張するように、貨幣供給量の単純な拡大に関する問題ではない。むしろ、債券市場におけるシグナルの機能不全、金融の安定と財政の安定のあいだにある対立関係、そしてユーロ圏の場合、全力で共通通貨の崩壊を防ぐという固い意志をめぐる物語なのだ。こうしたテーマの1つ1つが、裏口からこっそりとインフレ圧力が高まる余地を生み出す。誰もインフレ率の上昇を意図したわけではないが、世界金融危機以降の政策構成の変化が、異常なインフレを起こりやすくしたことに変わりはないのだ。

インフレ抑制の責任を政府に移すべきだと訴える人々は、民主的に選ばれた政治家たちのほうが、技術家集団たる中央銀行家たちよりも、たとえばインフレ率と失業率の絶妙なバランスを取るのに長《た》けている、と信じているのかもしれない。

しかし、歴史的証拠は間違いなくその逆を示している。**政府は放っておくといやおうなくインフレの誘惑に負けてしまう。**政府がそうしたセイレーン〔美しい歌声で船乗りを惑わし、船を難破させるギリシャ神話の海の怪物〕の声に惑わされないよう歯止めをかけるのが中央銀行の役目なのだ。政府に自由裁量を与えるのは、もはやオデュッセウスの縄をほどき、船員たちの耳から蜜蠟《みつろう》の耳栓を抜き取るのと同じ。[*25] ギリシャ神話を信じるなら、悲惨な結末が待ち受けているのは間違いない。

政府がインフレの誘惑にたやすく屈してしまう理由を説明し終えたところで、次は、屈しないほうが得策だといえる理由を提示してみよう。インフレとは、実はどこまでも不公平な怪物なのだ。

第4章

インフレは「勝ち組」と「負け組」を生む

ヴァイマル共和国のインフレ王。公平性が重視された1970年代。勝ち組と負け組の気まぐれな誕生。税金取りから逃れよう。誰だってフォード・カプリに乗りたい。金融措置の代償。現代における賃金抑制の要求。

ドイツのハイパーインフレで富んだ人・損した人

前章では、政府がインフレの誘惑に屈してしまう理由について説明した。本章では、その誘惑への解毒剤を探したほうがよい理由について、説得力のある証拠を示していこう。事実、インフレはとてつもない代償をともなうことがある。しかし、その代償は集計的な経済データを見るだけでは理解しにくい場合もあるのだ。

一例として、1918年から1923年にかけてのドイツの（明らかに極端な）ハイパーインフレの事例を見てみよう。１９１４年以前の物価水準が平均１００だとすると、１９２３年末のピーク時の物価水準はなんと１４２２兆９０５０億５５４４万７９１７まで上昇した。

この貨幣価値の大暴落にまつわるエピソードは枚挙にいとまがない。１本目を飲み終えるまで待っていたら２本目が値上がりしてしまうからと、ビールを２本同時に買った男性（「時は金なり《タイム・イズ・マネー》」の見本のような例だ）。規制された家賃収入が急速に高騰する修繕費用に追いつかず、貧困に転落してしまった裕福な家主。パン一切れを買うために蔵書をすべて売り払わざるをえなかった学者。

しかし、集計データは、こうした個々人の体験したトラウマを覆い隠すものでしかない。実際、ドイツの１人当たり所得は、第一次世界大戦末の１９１８年から、ドイツのハイパーインフレの悪夢が最高潮に達した１９２３年にかけて、実質ベースで７・８％下落したが、イギリスの１人当たり所得は同期間にずっと大きく下落したのだ。

確かに、動員解除はイギリスの経済活動に巨大な影響を及ぼしたが、それでもなおイギリスはドイツが見舞われたような財政的困窮にほとんど苦しまずに済んだ。ではなぜ、ドイツの生活水準の低下は集計上、イギリスと比べて緩やかに見えたのだろう？

ドイツのハイパーインフレが極端な負け組と勝ち組を生み出したから、というのが１つの答えだ。とりわけ立場が危うかったのは、インフレのせいで名目上のペーパーアセット〔現金、債券、証券などの紙の資産〕が紙くず同然になりつつあった資産家たちだ。逆に、レバレッジを活かして資産（工場など）を購入し、商品を備蓄することができた人々は、財を築いた。なんといっても、数時間後には価値が大幅に目減りするマルク建てで借り入れを行うことができたのだから。

当然ながら、この通貨の大混乱を目の当たりにした賢明な貸し手なら、その埋め合わせとして目も当てられないほどの高金利を要求するだろう。しかし、政府の辞書に「賢明」の文字などなかった。その割引率は、1922年初めの年率5%から、1923年初めの12%、同年9月の90%まで、確かに上昇したのだが、その段階になると、ドイツのインフレ率はとんでもないことになっていた。適当な数値を選び、後ろにいくつかゼロをつけ加えれば、そう遠くない値になる。

このような政府に紐づけられた不合理なほど低い金利で融資を得られた大企業は、事実上、たっぷりとお金《かね》をもらって借り入れを行っているに等しかった。彼らの「債務」は数日もすれば帳消しになる。まるで、ハチミツ壺《つぼ》が無限に手に入るクマみたいなもので、そうした大企業とその経営者たちは大金持ちになった。

しかし、中小企業にとっては、日利30%などザラだった。まさに、世界金融危機以降、イギリスで大きな物議を醸した「ペイデイ」ローン〔次の給料を担保とした超短期・超高金利のローン・サービス〕の究極版といえよう。

『タイム』の表紙をかざったドイツのインフレ王

この通貨の大混乱のなかで巨万の富を築いた人物の筆頭格に挙げられるのが、フーゴー・ディーター・シュティンネス（1870〜1924）だ。1922年版の『ブリタニカ百科事典』によると、彼は「これといったビジネス手法も持たないルール河畔のミュールハイムの会社の創設者」であるというマティアス・シュティンネスの孫であった。

しかし、フーゴーは先代よりはビジネス手腕に長けていたらしく、20代前半の若さで石炭関連の企業を立ち上げる。すぐに運輸業にも手を広げ、多数の船を購入して川や海を通じて自社の石炭を輸送していった。ハンブルク、ロッテルダム、ニューカッスルに事業所を構えると、いくつもの産業会社の取締役となり、第一次世界大戦の勃発時にはすでに億万長者となっていた。

しかし、それは序章にすぎなかった。戦時中、彼の財産はみるみる膨らんでいった。待望のドイツの勝利を支えるため、複数の事業を垂直統合して巨額のコストを削減する能力にかけては天下一品といってよかった。戦後になると、ドイツの多くの事業家たちと同様、彼もますます国内のボリシェヴィキの反乱に不安を募らせていた。

そこで、彼は反ボリシェヴィキ基金（Antibolschewistenfond）に資金を提供し、1920年には国会議員への選出を果たす。アドルフ・ヒトラー率いる新生ナチ党に資金を提供したのかどうかは憶測の域を出ないが、彼の共感はその方向に向いていたようだ。

しかし、議論の余地がないのは、ハイパーインフレの最中、彼が夢にも思わないような大金持ちになった、ということだ。すでに正真正銘の国際実業家になっていたシュティンネスは、強い外国通貨を担保に独マルクの借り入れを行った。いわば、巨額の補助金を受け取って事業利益を追求しているに等しい状態だった。

1923年3月、フランスによるルール占領の直後、『タイム』誌の表紙を飾った彼は国際的名声を確固たるものにする。[*1] 記事はシュティンネスを「石炭王、億万長者、現在のドイツの〝帝王〟」と紹介し、「国際政治という中間地帯で暗躍する人物たちのご多分に漏れず、彼もまたどの陣営が頂点に立とうと勝利をつかむ立場にいる」と締めくくった。[*2] その他の場所では、彼は「インフレ王」として名を馳せるようになった。

そんなシュティンネスの台頭も、抗生物質がないことが災いして突然の終わりを迎える。1924年、何の変哲もない胆のう手術の直後に急死してしまったのである。その後も、彼のビジネスのDNAの一部はドイツ鉄道やRWE（ドイツのエネルギー会社）に息づいているとはいえ、彼の帝国は崩壊した。

しかし、彼のエピソードは、最も極端な事例ながらも、インフレに関する不朽の教訓を与えてくれる。多くの者は負け組になるが、勝ち組に回る者もいる、ということだ。**インフレは、強力とはいえ完全に非民主的な富の再分配の手段になりうる。**たとえ経済全体を破壊しなかったとしても、そのなかで暮らす多くの人々を破滅させる力を持っているのだ。

1970年代のイギリスのインフレを追体験してみよう

しかし、インフレが勝ち組と負け組の誕生において及ぼす影響は、事後的な現実であると同時に、事前的な脅威でもある、という点を強調しておきたい。確かに、高インフレ期には、所得や富の事後的な格差が比較的低くなることもある。だが、そうした結果に至るまでの過程が問題だらけの場合もある。

1つの例が、1970年代のイギリスの体験だ。当時の高く不安定なインフレ率は、おおむね所得と富の両方の格差を低下させた（それ以前および以降と比べれば）。たとえば、イギリス人口の上位10％の富裕層が保有する富の割合は、1900年のほぼ100％から、1

950年には87%、1960年には78%、1970年には72%、そして1980年には58%まで低下した。一方、上位10%の富裕層が得る所得の割合は、1900年の56%から、1950年には49%、1960年には39%、1970年には31%、そして1980年には30%まで低下した。[*3]

しかし、こうした数値は誤解を生む恐れがある。第一に、この数値からは、人々の相対的な地位の変化は何もわからない。たとえば、1年間である家庭がものすごく豊かになったが、別の家庭がものすごく貧しくなったために、不平等の全体的な水準は変わらない、ということもありうるだろう。総計は個々人の体験を覆い隠してしまうのだ(1人のフーゴー・シュティンネスにつき、富裕層から貧困層へと転落した人がその何倍もいるかもしれない)。

第二に、格差に影響を及ぼすのはインフレだけではない。特に、男女平等関連の法律、グローバル化、地域間の不均衡、そして何より、税制といった要因もある。

そこで、総計に代わる手段として、過去にタイムトラベルし、人々が低インフレから高インフレへの変化の原因と影響をどう認識していたのかを具体的に確かめてみよう。

当然、人々の認識する原因は、当時の政治的な筋書きによって変わった。現代の調査によると、1966年と1975年の両年において、イギリスで主な悪者に仕立て上げられたのは、「強欲な労働者たち」（と、労働組合による集団的な賃上げ要求）だった。

おそらく、当時は政府が所得政策の交渉に最大限の努力を払った時代だったからだろう。理由はいまだはっきりしないが、経営者はさほどの汚名を着せられなかった。もしかすると、（今では十分に立証されている）数々の非効率性がまだあまり顕在化していなかったからかもしれない。

とりわけ、物価全般、特に1973年終盤の原油価格の高騰のあとは、「世界情勢」が槍玉に挙げられた。その他の候補としては、当時の欧州経済共同体（欧州連合の前身であり、イギリスは1973年に加盟）への参加があった。[*4]

また、さまざまな硬貨の相対価値に関する議論に立ち返るなかで、10進化（イギリスは1971年2月15日の通称「デシマル・デー」に1ポンド＝240ペンスを1ポンド＝100ペンスに切り替えた）の影響も挙がった。

おもしろいことに、調査対象者の大多数は、当時の政府の責任だとは考えていなかった。おそらく、インフレはどこからともなく降って湧いた厄介な問題であり、対処するすべはなかった、という運命論的な見方が優勢だったのだろう。[*5]

「強欲な労働者たち」という筋書きは、意外にも、1970年代中盤の労働党政権によって強化された面がある。当然ながら、ハロルド・ウィルソン首相らは、すでに収拾不能の瀬戸際にあったインフレに対処したいと考えたが、労働者たちの代表たる労働党としては、失業率の上昇を招くようなことだけは避けたかった。

そこで、解決策として登場したのが自主的な「社会契約」であり、その重点は公平性に置かれた。その1つの理由は、人々がインフレをなんとなく「不公平」なプロセスだと感じていたからだ。

インフレを「公平」に解決するのは不可能である

1975年、全国の家庭に『インフレへの攻撃――生存のための政策（*Attack on Inflation: A Policy for Survival*）』と題する政府の冊子が配られた。持続的な高インフレは「失業率を大幅に高め、国家破産を招き、国家の社会経済的な構造を深刻に傷つける」と訴える内容だった（見出しは「仕事が問題の核心」だったが、その時点ではすでに、インフレこそが問題の核心になっていた）。

しかし、ウィルソン首相は序文で、一段階トーンを落とし、「政府の対策は公平だろうか？」「効果があるだろうか？」と自信なさげに問いかけている。彼は「賃上げを週6ポンドまでに制限する」という議会の議決内容を引き合いに出しつつ、こうつけ加えた。

議会での議論は終わったが、この国、つまり家庭、テレビ、ラジオ、新聞、労働組合、党会議での議論は続いている。（中略）今やこの国全体、つまり私たち全員が、政府の計画をどう盛り立てるのが最善なのかを判断しなければならない局面にいる。個人や組織として、インフレにどう対抗するのが最善なのか、を。[*6]

それはウィルソン自身が率いる政府の提案に全面同意する内容とは言いがたかった。事実、公平性や民主的な意思決定を重視した点は理解できるものの、イギリスのインフレ実績が理想とは程遠いことを政府が把握しているのはすでに明白だった。この冊子には5つの「事実」が記載されていた。そのうちの1つはこうだ。

これまでに、他国の大半はインフレ率の引き下げに成功している。しかし、私たちはまだ道半ばだ。（中略）イギリスの主な競合国は、今や世界の市場において私たちより優位な立場にあり、物価は私たちの半分の率でしか上昇していない。そして、その差はどんどん広がっている。

危機の深刻さを考えると、ウィルソンのディスインフレ〔高いインフレ率を引き下げること〕目標は、控えめに言っても甘すぎた。彼はインフレ率を1975年末までに10％、1976年末までにそれ未満へと引き下げたいと考えていたが、実際の数値はそれぞれ24・9％と15・1％で、イギリスの主な貿易相手国のインフレ率よりもずっと高かった。[*7]

「公平」を目指す試みが裏目に出たのには、明白な理由がある。生活水準が深刻な下押し圧力を受けていて（1970年代イギリスの生産性の伸びは残念なくらい弱々しかった）、全員が一定の犠牲を払うよう求められれば、個人（もっというと企業や労働組合）が協力を拒みたくなるのはしごく当然だろう。

筋書きはシンプルだ。インフレはみんなの所得をむしばむ。不公平だ。よって、その埋め合わせとしてできるかぎり賃上げを要求するのは理にかなっている。特に、政府自身がたとえば経済の安定よりも公平性を重視したいと言っているなら、そうできる者は片っ端からそうするだろう。

一方、インフレ抑制の試みが失敗したのは、最も有権者に人気を集めたインフレ問題の解決策が、結局のところ機能しなかったからだ。1974年10月のイギリス選挙調査（British Election Study）で、圧倒的大多数の回答者たちは、失業率の上昇と引き換えにインフレ率を引き下げることを拒絶した。

歳出削減や増税といった形の緊縮財政は、それよりはまだ受けがよかったが、それでも当然ながら大人気とはいえなかった。保守党と労働党の両方で、絶大な支持を得た政策が1つあるとすれば、それは厳しい賃金統制だった。いわば、公共の利益のためにみんなでちょっとずつ我慢をしよう、という発想だ。これぞイギリス人魂だ。

しかし、4つの大きな問題が起きた。

「公平」にインフレに対処したイギリスで起きた4つの問題

――問題1―― 痛みに耐えていた国民が我慢をやめた

第一に、これまで見てきたとおり、インフレ率はいっこうに下がらず、小さな痛みに耐えている人々が時間をムダにしている気分になった。政府も有権者も、インフレの正確な原因をはっきりとは理解できていなかったので、自然といちばん痛みの少なそうな選択肢に惹き付けられていったのだ。

――問題2―― ポンドが暴落した

第二に、外国為替市場はまったく納得せず、1975年から1976年にかけてポンドが暴落し、輸入価格（ひいてはインフレ率）が押し上げられた。[*8]

――問題3―― IMFの介入で結局痛みをともなう改革をした

第三に、1976年の国際通貨基金（IMF）による救済にともない、イギリスは最終的に痛みをともなう（とはいえ不可欠な）金融規律を課すことになり、1970年代後半の失業率が前半比2倍になった。

――問題4―― 労働市場が機能しなくなった

第四に、賃金抑制により、単純に労働市場が正常に機能しえなくなった。ときには、高い生産性や利益性の見込める機会を活かすため、賃上げを行って労働者を獲得するのが企業にとって合理的なケースもある。しかし、厳しい賃金統制は企業からその手段を奪い、効果的な景気拡大の余地を狭めてしまった。

あとから見れば、ＩＭＦのおかげで、マネタリズムがようやくイギリスに到来したという見方をするのはやさしい。確かに、ウィルソンの後任のジェームズ・キャラハン首相と財務大臣のデニス・ヒーリーは、ある種の方針転換を行い、イギリスに史上初めてマネタリーターゲット（貨幣供給目標）を導入したように見えた。

さらに、キャラハン政権は弱く、労働党は１９７７年3月から１９７８年9月まで法案1つ通すのにも自由党の協力が欠かせなかったとはいえ、１９７８年終盤になると、キャラハンが総選挙に勝てる兆しが見えてきた。実際、10月から11月にかけて、労働党は世論調査で保守党に先行していた。

ところが、労働党上層部は、マネタリズムを完全に受け入れたわけではなかった。知的な意味でも政治的な意味でも、まだ賃金抑制という考え方に未練を抱いていたのだ。しかし、労働者の心はますます離れていった。１９７８年終盤にフォードの労働者が勝ち取った17％の賃上げは、政府自身が公共部門の従業員に対して定めた5％というガイドラインにまるきり逆行するものだった。

また、ストライキも続発した。いわば、「取り残されることへの恐怖」〔ソーシャルメディアなどで自分だけが楽しい出来事や体験を見逃しているのではないかという不安に駆られる現代病〕の１９７0年代終盤バージョンだ。トラック運転手、墓掘り人、ゴミ収集人、医療従事者。誰もが政府の定めた昇給「上限」を打ち破ることを決意した。この「不満の冬」と呼ばれた時期に、世論調査の結果が大きく傾く。労働党のわずかなリードは消え去り、翌5月の保守党圧勝が決定的になった。

なぜこの「社会契約」がどちらかというと反社会的な行動へと変化したのかを理解するのは、そう難しくない。賃金統制が人気を保つチャンスがあったとすれば、それは大幅に低いインフレ率を実現できた場合だけだろう。だが、そうはいかなかった。インフレは単なる過剰な賃上げの結果ではなかったからだ。

インフレ率が高いままなら、最終的に社会契約が成り立たなくなるのは必然の成り行きだった。調査結果に勇気づけられた政策立案者たちは、インフレの問題を見誤ってしまった。この事例は、世論調査に基づいて政策を決めようとする政治家に警鐘を鳴らしたといえるだろう。

こうして、多くの労働者たちが賃金統制はまるで無意味であり、実質賃金の減少を招くだけである、と認識し始めたのだ。

高インフレ下では、賃上げ交渉は「無法地帯」になる

こうした状況でインフレを止めるのは至難の業だった。ある労働者の一団がインフレ率を上回る賃上げを獲得したとたん、ほかの者もあとに続こうとする。誰も自分だけが置いてけぼりを食いたくなどなかった。

簡単なたとえをしてみよう。スーパーの買い物客がショッピングカートに食品を満載して、レジに列をつくっている。数分おきに、カートの中味が処理され、代金が支払われ、購入品が自動車に積み込まれ、満足した買い物客たちがキッチンの戸棚に食品を補充するために、続々と家路につく。

すると、店長が気まぐれに、今並んでいる客には商品を売らないと言い出す。買い物客たちは手ぶらで帰るよう催促され、1週間分の食料品を買い込む計画が水の泡となってしまう。当然、激怒するだろう。暴力や、別の形の抗議に訴えるかもしれない。ほかの買い物客が袋いっぱいに食料品を詰め込んで出ていくのを目の前で見ていたのに、自分はその日の夕食さえ手に入らない。意地悪なスーパー店長の気まぐれのせいで、プランが台無しだ。

実世界のスーパーでは、開店時間と閉店時間がはっきりと周知されているので、こんなことは起こらない。入店客がまだレジに列をつくっていても、閉店時間になれば新しい買い物客は入店を断られるだろう。買い物客の期待を管理するのは、商業的に見て理にかなっている。そもそも、がっかりさせられて喜ぶ買い物客なんていないからだ。[*9]

対照的に、高インフレ期には、賃上げ交渉が無法状態へと変わる。確たる「ルール」のない「弱肉強食」の状況が生まれるのだ。こうした雰囲気のなかで、最初に犠牲となるのは公平性だ。1970年代のイギリス歴代政府が失敗を重ねたのは、単にインフレの原因を理解できなかったからではない。公平な結果の実現がますます難しくなっている時期に、所得政策を通じて公平性を重視したからでもあるのだ。

おまけに、こうした状況下でインフレを止めるのは、信じられないくらい難しい。先ほどのスーパー店長みたいになりたいと思う政治家はいない。スーパー店長とは違い、たいていの政治家は有権者の人気をつなぎとめたいと思うので、全員が買い物を終えるまで店を閉めようとは思わない。そのため、延々と買い物が続けられる。インフレの場合、物価と賃金がいつまでも上昇スパイラルを続けることになるのだ。

ここまで来ると、とうとう運命論が忍び寄ってくる。1970年代中盤のイギリスの過剰なインフレ率について記した2人の経済学者は、こう嘆いた。「この［賃金と物価の］柔軟性の度合いは、国によって異なるだろう。そして、労働組合が強く、独占的な寡占産業が存在する国では、この問題は悪化する」[*10]

デフレ期とインフレ期で値上がりする資産・値下がりする資産

この賃金・物価スパイラル〔物価上昇→賃金上昇→物価上昇→……というサイクルが延々と繰り返される悪循環〕のなかで置いてけぼりを食うのは癪《しゃく》に障る。同じように、物価の持続的な上昇や下落（つまり、貨幣価値の下落や上昇）によって富が破壊されるのを黙って見ているのも、ちっともおもしろくない。

物価上昇と物価下落の違いを浮き彫りにするため、20世紀アメリカにおける2つの対照的な時期を例に取り、銀行預金から、長期国債、株式市場、不動産まで、さまざまな資産の実質（つまりインフレ調整後の）利益率を比較してみることにしよう。

1930年代は、大恐慌と、全般的なデフレ傾向を併せ持ったその後の緩やかな不況期、その両方に見舞われた激動の10年間だった。30年代全体で見ると、物価は12％ちょっと下落した。同期間、実績が最悪だったのは不動産で、実質利益率は9・2％にとどまった。これは実質利益率20・5％の現金預金よりもはるかに悪い。価格の乱高下という余分なリスクがついて回ったにもかかわらず、株式はそれをわずかに上回る24・2%の利益率を実現した。しかし、それよりも格段に見返りが大きかったのは、政府への長期的な貸し付けであり、実質利益率は合計69・8%に及んだ。[*11]

これらの数値を、物価が117%上昇した1970年代と比べてみよう。原油価格の高騰で、アメリカ経済全体がそれまでより貧しくなったこともあり、70年代は総崩れ状態だった。それでも、さまざまな種類の資産の相対的な実績は大幅に変化した。1970年代、実質ベースで実績が最悪だったのは現金預金（マイナス11・2%）と国債（マイナス35・1%）だった。かろうじてプラスの実質利益を搾り出すことができたのが株式（プラス4・2%）と不動産（プラス5・5%）だったが、全体として見ると、貯蓄家であれ蓄財家であれ実質ベースで大きな痛手をこうむった10年間だった。

その一因は、インフレの想定外の持続にあった。インフレ期には、いわゆる「実物資産」（未来の経済の一部に対して直接的な請求権を持つ資産）に投資するのが最善策である、という主張をたびたび耳にする。この主張は正しいが、あくまでも相対的な意味での話だ。それはインフレが債券や現金に対して及ぼす壊滅的な影響を物語るものであって、その他の資産の絶対的なメリットを物語っているわけではない。

実際、1970年代の最善の戦略は、巨額の借金をして、そのお金《かね》を株式、不動産、できれば物的資産に投資する、という方法だっただろう。1920年代初頭にヴァイマル共和国のフーゴー・ディーター・シュティンネスが採用したのと同じ方針だ。銀行預金や国債の実質利益率がマイナスだったことからもわかるように、負債はインフレによって目減りするが、いわゆる実物資産の価値はわずかながら上昇しただろう。

こうしたチャンスを活かすのに最も有利な立場にいたのは、マイナスの実質金利と急騰する名目所得の両方によって住宅ローンが目減りしていく新規の住宅購入者層だ（もちろん、増加し続ける失業者層に加わらずに済むなら、の話だが）。

最悪の立場にいたのは、現金貯蓄の少ない賃貸住宅の居住者や（分散投資は、各種リスク資産においてときどき一定の損失を受け入れる余裕のある人にしかお勧めできない）、職場での交渉力に乏しい人々だ。たとえば、貧しい年金受給者、労組未加入の労働者、なんらかの給付に頼る人々など、一般的には社会の弱者たちである。

「98％」の税率を課されたイギリスの富裕層

イギリスの場合、1970年代末時点での貯蓄パターンがこの結論を裏づけている。所得者の下位4分の1のうち、約39％が利子つきの預金、35％が住宅、68％が生命保険を保有していたが、株式を保有していたのはわずか4%にとどまった。所得分布の上位4分の1に関していうと、同じ数字はそれぞれ67、71、83、16%だ。[*12]

公平性を実現しようとする歴代政府の試みを妨げたのは、賃上げを抑制する所得政策の失敗だけではなかった。**保有資産の性質に関する人々のスタート地点がほとんど考慮されなかったことも、失敗の原因になったといえる。**

おおぜいが苦しんだが、少なくとも当初は、幸運をつかんだ者もいた。そんなときにやって来たのが、税金取りだった。所得税の最高税率は1973年および74年の75%から、翌年には87%に引き上げられた。金満階級にとっては泣きっ面に蜂だが、ここに15%の不労所得税が付加され、**イギリス社会の最高所得者たちは所得の一部に対して98%という限界すれすれの税率を課されるはめになった。**

これほどの没収率が公平なのかどうかは、正直なところ論点ではなかった。法外な税率に直面した人々は単純に、優秀な会計士を雇うか、さもなくば自主的に国を出るかの2つに1つだった。

名前を挙げればキリがないが、その多くが有名人だ。たとえば、「ジェームズ・ボンド」シリーズの数々の曲の作曲者であるジョン・バリー。それらの曲の歌い手であるシャーリー・バッシー。映画『007／ゴールドフィンガー』『007／ダイヤモンドは永遠に』『0

07／死ぬのは奴らだ』の監督として知られるガイ・ハミルトン。初代ジェームズ・ボンド役のショーン・コネリー。3代目ジェームズ・ボンド役のロジャー・ムーア。[*13] ロックバンド「T・レックス」のボーカルのマーク・ボラン。デイヴィッド・ボウイ。マイケル・ケイン。ロッド・スチュワート。そして、1年限りではあるが、ピンク・フロイドのメンバー全員だ。[*14]

このハリウッドスター、ボンド・シリーズの英雄、ロックの神様たちは、イギリスが絶望的な経済的苦境に陥っているとき、税金逃れのために国を捨てた自己中心的な人間だ、と非難するのは簡単だ。しかし、たとえ事実だとしても、それは間違いなく最大の結論とはいえないだろう。

公平性を重視する政府にとって、インフレ自体が恐ろしく不公平なプロセスなのだと認識し損ねることこそが大惨事の元凶なのだ。**インフレの悪化を見過ごすことは、単純に不公平さへの不満、ひいては厳しい税制策につながり、無数の予期せぬ副作用を生み出す。**その1つの象徴が、巨大な租税回避産業の誕生だといえよう。

誰だってフォード・カプリに乗りたかった

政策立案者たちはもちろん、インフレが不公平なプロセスであることを知っていた。前述（144ページ）の冊子『インフレへの攻撃』の「荒っぽい正義」と題するセクションで、ハロルド・ウィルソン首相のゴーストライターたちは、政府のインフレ対策プログラムについてこう述べた。

確かに荒っぽいプログラムではある。今回の危機には厳しい対策が必要だからだ。ただし、公平ではある。低所得者を除く誰もが、今回のプログラムが物価に影響を及ぼし始めるまで、生活水準の一定の低下を受け入れる必要があるからだ。（中略）6ポンドの昇給制限により、低所得者ほど割合的に大きな恩恵を受けられるからだ。そして、（中略）困窮者への支援策が用意されているからだ。（中略）年金や生活保護の受給者はさらなる増額を得られる予定だ。（中略）主婦を支援するための施策もある。［傍点は原典ママ］

しかし、実際には、どれだけの自主的な賃金制限をもってしても、成功の望みは薄かった。理由は単純で、賃上げ圧力というのは事実上、より全般的なインフレプロセスの内生的な要素だったからだ。

政策立案者たちはこの点に気づいていたのかもしれないが、たとえば金融政策の引き締めなどによりインフレをピタリと止めるのは、短期的に大きな痛みをともなううえに、あまりにも刺激が強すぎるのではないか、と心配していた。[*15] だとすれば、個人や組織に自主的な制限を求めるほうが、はるかに手軽だったわけだ。

冊子の裏表紙には、首相のこんな言葉が載せられている。「ある男性の昇給は別の男性の物価上昇を招くだけではない。自分自身の仕事、または隣人の仕事を奪う可能性もあるのだ」

しかし、そうした男性たち（どうやら女性は主婦としてしか見られていなかったようだ。時代が出ている）の多くにとっては、こう言い換えたほうがピンと来ただろう。「ある男性の新車のフォード・カプリは、隣人の羨望の源になるだけではない。自分もその最新の車が買えるように、隣人が賃上げを要求するきっかけになりかねないのだ」

行動することは、行動しないことより恐ろしい

1970年代イギリスの政策立案者たちが、インフレ対策に二の足を踏んだことを実証するシンプルな方法が1つある。10年ごとの平均的なインフレ率を、平均的な政策金利の水準と比較すればいい。

ただし、前もって1つ断っておきたい点がある。1950年代や60年代といえば、イギリスの金融政策の主な目的は通貨切り下げを防ぐことであり、そのために為替管理がかなり積極的に用いられていた。よって、金利とインフレ率の関係は必ずしもそこまで密接ではなかった。政策の重点はむしろ、国際収支を安定化させ、急激なポンド売りを防ぐことにあったのだ。

潮目が変わったのは、1970年代初頭、ポンドが変動相場制に移行した頃だった。外的な貨幣的制約から解放されたイギリスは、できれば国内で貨幣的制約を課すべきだった。しかし、ほとんどの時期、イギリスはそうしないほうを選んだ。

さて、比較の結果が**図表4－1**だ。1960年代、イギリスがポンド切り下げを回避しようと腐心していたこともあって、短期金利はインフレ率よりかなり高く保たれた。その

図表4-1

インフレとの戦い

金融政策がいかに重要か

	政策金利	インフレ率	実質政策金利
1950年代	**4.1**	**4.4**	**-0.3**
1960年代	6.1	3.9	+2.2
1970年代	**10.1**	**12.8**	**-2.7**
1980年代	12.0	5.6	+6.4
1990年代	**7.8**	**2.7**	**+5.1**
2000年代	4.0	2.1	+1.9

出典：イングランド銀行。著者の計算による。政策金利は10年間の算術平均、インフレ率は10年間の幾何平均

努力は結局のところ実らず、ポンドは1967年に切り下げを余儀なくされる。

4年後、調整可能な固定為替相場制であるブレトン・ウッズ体制の崩壊により、ポンドは変動相場制《フロート》に移行する（1970年代の大部分の時期、ポンドが急速に価値を下げたことを踏まえると、ポンドが沈《シンク》んだ、と言うほうが正確かもしれないが）。

こうして、1970年代は一種の試金石となった。政策立案者たちは、（為替レートの制約という形の）外的な「規律」を、（貨幣供給量やインフレ目標という形の）内的な規律に置き換えることができるのか？

「行動は言葉よりも雄弁なり」が事実だとしたら、答えは完全に「ノー」だった。政策金利は1960年代よりも70年代のほう

がずっと高かったとはいえ、インフレ率はそれ以上に高かった。早い話、お金を借りられる人は、マイナスの金利でお金《かね》を借りているも同然の状態だったのだ。

確かに、インフレ率と政策金利の差は、半世紀前のハイパーインフレ下のヴァイマル共和国と比べればかわいいものだったが、原理的には同じだ。融資を得られる人々にとっては、お金《かね》を借りれば借りるほど得策だったのだ。

公正を期すために言っておくと、そのためには高インフレがしばらく続くだろう、という確信が必要だった。つまり、目の前に広がるインフレの現実と同じくらい、インフレ予想が重要な意味を持っていたということだ。

しかし、当時の政府から発せられるメッセージに照らせば、高インフレが続くという結論を導き出すのは難しくなかった。こうした状況では、名目所得（または、第2章で初めて概説したPT）が急速に拡大する可能性が高かった。

1973年のオイルショックにより、イギリスが実質ベースで急激に貧しくなった点を踏まえると、Tが減少したとしても、Pの急速な上昇によりPTが拡大する可能性は同じくらいあった。要するに、1970年代のイギリスの金融政策が、持続的なスタグフレーションをほぼ決定づけた、といっていい。

ところが、1980年代になると、政策金利とインフレ率の関係は一変する。1979

年にマーガレット・サッチャーに投票した人々が、期待を叶えたのかどうかは知る由もないが、それでも金融面では決定的な体制の変化があった。1980年代の政策金利は1970年代よりもいっそう高くなったが、インフレ率はずっと低くなった。当初、その代償はあまりにも大きかった。失業率の急上昇、産業の大規模な空洞化、地域間格差の増大。10年前にもっと積極的にインフレに対処していれば、代償は少なくて済んだだろうか？

そうかもしれない。西ドイツやほかのインフレ嫌いの国々の証拠を見るかぎり、間違いなくそうだ。こうした国々の過去の金融措置は、インフレ率の低下と失業率の増加幅の減少、その両方につながった。信用できる形で金融のルールを確立することが、実は何よりも重要なのだ。

「賃上げ」を止めたところで、インフレは止まらない

インフレの悪化を見過ごすと、先ほどの「スーパーマーケット」と同じ症状がいくつも生じてしまう。取り残されることへの恐怖が広がる。不信が増大するとともに、不確実性が高まる。ある人物や企業の相対的な経済的序列が容易に予測できなくなると、意思決定は延期されたり、取り消されたり、ごまかされたりする（第3章で概説したブラジルのムダな投

資はその好例だ)。こうした歪んだ意思決定の影響は、数十年後とはいわずとも、数年後にならないと完全には表われない。

しかし、勝ち組と負け組の気まぐれな誕生は、経済のパイの縮小をともなう可能性が高い。通貨の堕落は必ずしも革命につながるわけではないが、経済的な代償は巨大になることもある。

イギリスの場合、1970年代の生活水準の伸びは標準未満だった。1960年代が25%、1980年代が27%だったのに対し、わずか20%の伸びでしかなかったのだ。イギリスの1970年代の体験はまた、同様の外的なショックと格闘していた他国よりも悪かった。同じ10年間で、ドイツの生活水準は30%、フランスは29%上昇した。両国ともインフレ率はずっと低く、生産性の伸びは高かった。おもしろいことに、翌10年間になると立場は逆転し、インフレ率の急落するイギリスが隣国のドイツとフランスを上回った。[*16]

インフレの悪化がたびたび見過ごされてしまう理由の1つは、インフレの代償が表面化するまでの時間差にある。インフレをピタリと停止させるのは、金利の上昇、ことによると景気後退という形で、即座に代償をともなう。しかし、だからといってインフレを持続させれば、長期的にいっそう大きな代償をこうむる可能性が高い。インフレは、やがて社会の構造そのものをむしばむからだ。

しかし、**インフレ抑制を担う人々は、まるで言葉による説得だけでも効果がある、とでも言わんばかりに、賃金設定や価格設定に関する勧告に頼ることが多すぎる。**イングランド銀行現総裁のアンドリュー・ベイリーは2022年、まるでハロルド・ウィルソンが憑《ひょう》依《い》したかのように、こう言った。「賃上げの緩和が必要だ。確かに、痛みをともなうが、この問題を一刻も早く乗り切るには、どうしても必要なことなのだ」

これに対し、ユナイト労働組合書記長のシャロン・グレアムは、こう主張した。「労働者がインフレやエネルギー危機を引き起こしたわけでもないのに、なぜ労働者がその報いを受けなければならないのか?」[*17]。少なくとも2022年だけを見れば、1970年代の言葉づかいが現在に舞い戻ったように見えてならなかった。

インフレは弱者を虐げ、格差を拡大させる

ひとたび根を下ろすと、インフレはこれ以上なく不公平なプロセスとして作用する。そうした不公平性の焦点となるのは、インフレが所得や富に及ぼす「受動的」な影響であることが多い。物価の上昇は人々の暮らし向きを悪化させ、一部の形式の貯蓄にとりわけ大きな打撃を及ぼすからだ。

しかし、問題をずっと悪化させることがあるのは、そうした不公平性に対する「能動的」な対応のほうだ。社会のなかには、自分で自分の身を守ることができる人々と、そうでない人々がいる。前者に属するのは、フーゴー・シュティンネスのような富豪や、価格支配力を持つ大企業、賃金設定力を持つ労組加入の労働者たちだろう。後者に属するのは、貧しい年金受給者、現金貯蓄の少ない人々、給付金に頼る人々だ。たいていは「勝ち組」が「負け組」から槍玉に挙げられるが、それはインフレの根本原因から目を逸らすだけで百害あって一利なしだ。

人々の所得や富を守るためにダイレクトな行動を取るのは、ときとして政治的にも道義的にも必要なことなのかもしれないが、それは対症療法にしかならないことが多い。さらに、根本原因を無視する期間が長引けば長引くほど、「救済」プロセスにかかる費用は膨れ上がっていく可能性が高い。

特に、エネルギー価格ショック（1973年末に原油価格が4倍、2021年と2022年に天然ガス価格が10倍になったのが好例）のあとの救済措置は、弱体化した新たな経済的現実を覆い隠す効果しかない。

富や貯蓄に関する人々のスタート地点を無視すると、インフレから生じる将来的な不公平性の多くが見過ごされてしまう。インフレとは、単にお店で購入する品物が値上がりするだけの現象ではない。将来的な経済生産に対する一部の人々の請求権を、時間とともに急速に目減りさせていくメカニズムでもある。持続的な物価上昇はやがて、貨幣の価値、ひいては現金貯蓄を破壊し尽くしてしまう。

インフレは社会に対して瞬時に影響を及ぼすわけではない。食品価格やエネルギー価格に関して飛び交う数々の（しごく妥当な）見出しとは裏腹に、インフレはゆっくりと密かに忍び寄る敵と表現するほうが正確だろう。

その1つの理由は、政策立案者たちにはインフレ対策が痛みをともなうかもしれない、ということがわかっているからだ。そのため、短期的に見れば、インフレをたとえば外的なショックか何かのせいにして、それ自体インフレ抑制にとって何の効果もない行動を自分の手柄にするほうが簡単なのだ。その結果、悲しいかな、インフレの根本原因を放置し、インフレが中期的に持続する可能性を高めてしまう。

いったんインフレが根を下ろせば、そしてインフレの不公平性が認識されれば、いよいよインフレに対処しなければならない時が来る。しかし、実のところ、対処法はピンキリだといっていい。なかにはまるで機能しない対策もあるからだ。次章では、その理由を説明しよう。

第5章

何がインフレ対策の成功と失敗を分けるのか

フィリップス曲線。フリードマンとフェルプスの攻撃。「合理的期待」革命。サージェントのハイパーインフレ。緩やかなインフレのほうが問題ありなわけ。賃金物価統制の失敗。エネルギー補助金の『累積的』問題。予想と経験則。マンチェスター・ユナイテッド没落の理由。

政府がインフレ手術を「先延ばし」したがる訳

ここまでをおさらいしよう。インフレとは、単にお金《かね》だけでなく、信念、社会慣習、信用までをも含む現象だ。最後には涙を流すことになるかもしれないとしても、政府はインフレの誘惑に逆らえないことがあまりにも多い。金融政策と財政政策は一時的に分離できる場合もあるが、結局はまた有毒なバートンとテイラーの関係性へと後戻りする運命にある。その有毒性こそが、ときに社会の内部に根深い不公平性を生み出し、取り残されることへの恐怖が政治的な現状を脅かすのだ。

こうした状況でインフレを解消するのは、控えめに言っても難しい。人々はインフレの有毒作用に苦しみたくないが、その一方でインフレを止めることの副作用も恐れている。

政治的なリーダーたちも同じだ。不快な症状を抱える患者のように、**インフレに苦しむ国の政策立案者たちは、治療に不可欠な手術を先延ばししたがる**。手術をすれば、国家のリーダーたちが必ず文句を言われる術後の苛酷なリハビリが待ち受けるだろう。短い目で見れば、(手術よりもずっと大きな痛みをともなうかもしれない)術後のリハビリに耐えるよりは、病気を放置することの影響にじっと耐えるほうが、患者にとってはラクなのだ。

パンデミック後にインフレが加速するまで、中央銀行界隈には、こうした困難は大学図書館で埃をかぶる教科書のなかにしか出てこないものであり、現実には実在しない、という感覚があった。標準的な議論はシンプルだった。適切な機関と適切な政策があれば、インフレが根を下ろす理由はない。

確かに、インフレ率が一時的に目標値をはずれる場面はあるだろう。世界金融危機前の原油価格の高騰がその典型例だ。しかし、政策立案者の意思決定の信用性と透明性が保たれているかぎり、そうした一時的なひずみが悪化することはない。

一般家庭、企業、金融市場の参加者たちは、インフレ率が暴走しかければ、信用できる中央銀行が政策金利を引き上げ、賃金・物価スパイラルが2巡目に突入するのを食い止めてくれる、と考えるだろう。その結果、利上げ予想だけでもインフレへの恐怖は十分に抑制され、完全な信用を得た中央銀行は、ごくたまに正式な金利を微調整するだけで済むことになる。[*1]

「合理的期待」革命

この枠組みの原点は、1960年代と70年代のインフレ論争までさかのぼることができる。その大部分の時期、政策立案者たちはついに経済版の「聖杯」を見つけたと思っていた。多くの経済学の教科書が敬愛するフィリップス曲線は、失業率とインフレ率のあいだに、活用可能なトレードオフ関係〔一方を立てればもう一方が立たず、という関係〕が存在することを示しているように見えた。インフレ率が少し上がれば失業率が少し下がり、逆にインフレ率が少し下がれば失業率が少し上がる、という関係だ。[*2]

一方、ケインジアンの総意の下では、財政政策が唯一の需要管理の方法だった（ブレトン・ウッズ体制下では、金融政策は通常、為替レートの安定化という補助的な役割を担っていた。ただし、外貨準備高が不足している場合は、金利政策が一時的に優勢になった)[*3]。

しかし、フィリップス曲線には、少なくとも政策の観点から見れば明白な誤りがあった。フィリップス曲線の考え方によれば、低い失業率と引き換えに高インフレ（つまり、低い「実質」賃金）を受け入れるよう人々を「だます」ことが可能に思えた。しかし、恒久的な高インフレが続くと、その新しい状態が人々の予想のなかに織り込まれ、労働者たちが予想インフレ率を加えた賃上げも要求し始めるのは時間の問題だ。

これが長年繰り返されると、マクロ経済政策の刺激を通じて失業率をいわゆる「自然」失業率未満に抑えようとしても、インフレが加速するばかりで、失業率の持続的な低下には結び付かなくなる。

こうして見ると、長期のフィリップス曲線は垂直の形状になる。失業率とインフレ率のあいだの「トレードオフ」関係は、統計的な幻想にすぎなかったのだ。

ミルトン・フリードマン[*4]とエドムンド・フェルプス[*5]は、1960年代終盤に独立して同じ結論にたどり着いた。それは、2人が人々の予想の測定方法を発見したからではなく、むしろ、第2章で説明した地金《じがね》論争の最中のデイヴィッド・リカードの先駆的な考え方にのっとり、政策立案者たちの主張がそもそも愚かであるという前提を出発点としたからだ。

将来的なインフレ率が上昇し、実質賃金が低下する可能性を無視する者などいるだろうか？　そういう状況では、機会さえあれば物価と賃金の両方が上昇するはず。この見方は、インフレ抑制のためになんらかの所得政策を用いることが半ば必須であった従来のケインジアンの見方よりも、１９７０年代の経済的な大惨事をうまくとらえているように見えた。インフレは不適切な金融政策ではなく、企業や労働組合といった、社会の異なる権力中枢どうしの相反する主張によって突き動かされるプロセスである、というのがケインジアンの見方だった。

　ここから、経済学者のロバート・ルーカスとトーマス・サージェントを旗振り役とする「合理的期待」革命が始まる。２人の主張はこうだ。人々がフェルプスとフリードマンの述べたとおりに振る舞うとしたら、世界を「前向き《フォワード・ルッキング》」〔将来的な出来事についての情報をさまざまなルートで収集し、予想を形成すること。↔後ろ向き《バックワード・ルッキング》〕にとらえる必要が出てくる。つまり、**今日起きることは、明日何が起こるとみんなが信じているのかによっても決まる**、というわけだ。

　そして、**経済の仕組みに関して全員が同じ見方を共有すれば、政策立案者たちの実現できる内容には厳しい限界が生じる。**特に、政策立案者たちが長期的に持続可能でない戦略に着手しようとしているとわかれば、人々は予想をすぐさま調整し、それによってその戦略はただちに持続不可能になってしまうだろう。

マクロ経済学者にとっての結論は、次の2つのうちのどちらかであった。1つ目は、政策ではこれといった成果を実現できないという事実を受け入れ、経済をいわゆる「ランダムウォーク」の状態に置いておくしかない、というニヒルな結論。2つ目は、お粗末な政策決定をやめ、深い理解に基づく政策ルールへと移行すれば、きっと大きな成果を実現できる、という楽観的な結論だ。

「比較的無傷でインフレを退治できる」サージェントの方法

1982年、サージェントはもう一段階先に進んだ。根を下ろしたインフレを解消することの代償に関する暗い予測に不満を抱いた彼は、歴史的な事例研究を用いて、十分な理解に基づく信頼できる制度設計の改革をもってすれば、比較的軽い代償で、低インフレ率への持続的な移行が可能であることを証明した。論文「四大インフレーションの終焉(The Ends of Four Big Inflations)」で、サージェントは従来の説に戦いを挑んだ。[*6]

「合理的期待」に基づく別の見解は、現在のインフレーションの過程に何らかの固有の勢いがある、という考え方を否定する。(中略)人々が将来に高インフレ率を予想するのは、その予想が政府の現在及び将来の金融・財政政策によって保証されるからである。（中略）実際にインフレ率に勢いを与えているのは、大幅な財政赤字を持続的に生み出し、高率で貨幣を創造する政府の長期政策なのである。

サージェントが着目したのは、1920年代ヨーロッパの4つの巨大インフレだった。第4章で説明したヴァイマル共和国の悲劇と、オーストリア、ハンガリー、ポーランドのインフレ体験だ。彼は各国の体験の詳細な定量的評価に基づき、主に次のような見解を導き出した。

サージェントの3つの見解

見解1　4つの事例すべてで、過度のインフレは持続的な巨額の財政赤字と結び付いていた。またもや第3章で概説したバートンとテイラーの問題だ。

見解2　インフレ期があっという間に終息したのは、「計画的かつ抜本的財政金融政策手段」のおかげである。

見解3　これらの「政策手段」の結果、物価は国内と外国為替の両面ですぐに安定化した。

その「魔法」の対策とはどんなものだったのか？　1つ目は、「追加無担保信用を求める政府要求を法的に拒否し得る」独立した中央銀行の創設だ（つまり、貨幣の印刷による赤字財政の穴埋めは起こりえなくなる）。2つ目は、政府の財政を持続可能な軌道に乗せ、政府の借り入れを最終的に将来の税収で確実にまかなえるようにすること。

つまり、サージェントはバートンとテイラーの問題に気づき、一連のルールや規制を通じて財政政策と金融政策の関係をしっかりと定義しなければならない、という事実を受け入れた。そのうえで、そうすれば比較的無傷でインフレを退治できる、と主張したのだ。

しかし、この議論の最大の問題は、直感に反して、ハイパーインフレのほうが緩やかなインフレよりも退治しやすい場合がある、という点にある。一部の人々（特にフーゴー・シュティンネスのような類の人々）は得をするかもしれないが、ハイパーインフレは最終的には社会を破壊する。単純に、正常な経済生活が営めなくなるからだ。信用できる代案を提供する政府は、ほとんどの市民から支持を得られるだろう。特に、国際社会（当時なら超大国、現代ならIMFなどの機関）の支援があればなおさらそうだ。そもそも、ハイパーインフレの現状維持を熱狂的に歓迎する人々など、ほとんどいないはずだ。[*7]しかし、より緩やかなインフレ率は、先述のスーパーマーケット問題をともなう。その存在から恩恵を受けていて、インフレが止まれば損をする、と懸念する人があまりにも多いのだ。

インフレ解消の「ツケ」は誰も払いたくない

サージェントは、「これまで研究してきた4つの事例は、（中略）インフレーションの原因となり、またインフレーションの阻止のために利用できる本源的要素を最も容易に見分けることができる研究室の実験に似ている」と述べ、自身の歴史的考察を擁護した。さらに続けて、「これらの出来事」は、1980年代初頭のアメリカが直面する「あまり劇的とはいえない」インフレに関する「教訓に満ちている」とも主張した。

この主張に対しては、「確かにそうだが、でも……」というのが正直なところだ。結局、1980年代初頭のインフレの解消は、想像以上の痛みをともなった。「合理的期待」は期待どおりに働いていないようだった。最大の問題は、Uターンへの恐れ、政策転換への恐れ、政治的信頼の欠如への恐れにあった。

アメリカのインフレ解消は、1980年代初頭の一度ならず二度の景気後退をともなった。インフレファイターの異名を持つFRB議長のポール・ボルカーは、当初反抗的だった連邦公開市場委員会（アメリカの金利設定を担うチーム）に対処する必要があった。金融引き締めは、サージェントが支持した財政保守主義ではなく、レーガン時代の巨大な財政拡大と時を同じくした。

この2つの組み合わせは、バカ高い「実質」金利へとつながっていく。この高金利が、こんどは外国為替相場における米ドルの持続的で力強い上昇を引き起こし、他国が通貨危機に陥った。

大の打撃を受けたブラジルなどのラテンアメリカ経済は、すでに見たとおり、ハイパーインフレ、通貨暴落、そしてゆくゆくはデフォルトに見舞われた。実際、皮肉屋なら、アメリカのディスインフレ政策は国内の経路を通じてだけではなく、何より他国の経済の崩壊を通じて機能したのだ、と主張するかもしれない。

結局のところ、他国の弱さが、世界的な物価下落、ひいては他国からアメリカに輸入されるモノやサービスの価格下落に寄与したのだ。

より地域的な問題とはいえ、イギリスでも似たような問題が起きた。1979年5月の総選挙でマーガレット・サッチャーが勝利したあと、失業率は上昇を続けた。1980年秋を迎える頃には、200万人が正式な失業状態に陥り、いわゆる政策のUターンを求める人々が党内からも現われる始末だった。1980年10月の保守党党大会での彼女の回答は、その後、党の伝説の一部になった。

あのメディア好みの合言葉「Uターン」を、固唾をのんで待っている方々に言いたいことはただ1つ。「Uターンしたければ、あなたがどうぞ《ユー・ターン》。私は後戻りなどしませんから！」

合理的期待革命がサッチャーの言葉の直接の契機になったのかどうかはともかく、彼女の言葉がこの革命のメッセージと一致することは間違いなかった。ある政策を1、2年間試してみて、すぐに撤回するのでは意味がない。かわりに、その政策が徹底的に貫き通されると人々に信じさせる必要があった。

しかし、そうした政治的説得には時間がかかるので、そのあいだに大量の政治的資本が使い尽くされてしまう可能性もある。やがては、激しい暴動と投票箱の両方が足かせになってくる。

イギリスの場合、インフレ率の低下にともなう代償が非常に不均等なものになった要因がもう1つあった。高金利と北海油田の原油の両方がポンドに恐るべき上向き圧力を加えたのだ。[*8] そうして生じた製造業の競争力低下は、特定の地域にのみ大規模な「空洞化」を招いた。

実際、イングランド中部の広大な産業が壊滅する一方、ロンドンの人々は比較的無傷で切り抜けた。こうした不公平な結果は、サッチャーの政策への根強い反発を生み、結果として調整コストはサージェントらの予測よりも高くなった。

それでも、時代が１９８０年代から90年代へと移るにつれて、その苦い良薬は効き始めたようだった。途中には、確かに痛みをともなう時期もあった。その最たる例はといえば、イギリスのインフレが再び加速し、金利が急上昇した「ローソン・ブーム」と呼ばれる時期だ。

しかし、少しずつ、世界じゅうのインフレは沈静化していき、物価安定の継続を予測して金利は下落し、政治的議論に決着がついた。ますます、中央銀行の独立性は増し、インフレ目標政策（貨幣供給量や為替レートの目標設定に関する過去の実験が断念されたあとに登場した「最終的」な名目フレームワーク）は当たり前のものになり、多くの政府が「慎重」な財政計画を実施するようになった。

かつて右翼的な自由市場信仰の一環とみなされていた政策は、すっかり常識の一部になっていた。その理由は一目瞭然。恐ろしい経済の怪物が退治されたように見えたからだ。

「賃金物価統制」は昔から効果薄だった

と同時に、過去の「インフレ退治」政策は、次々と「歴史上の愚策」の山へと投げ捨てられたようだった。その筆頭格が賃金物価統制だ。1970年代のハロルド・ウィルソン政権が気づいたように、賃金物価統制は必ずしも有効ではないのだが、ことあるごとに姿を現わす。政府はインフレ圧力の上昇に直接の責任がある、と言われるのを嫌うが、その根底には、そうしたインフレ圧力の根源に対する理解不足がある。そして何より、全般的なインフレは非常に不公平な結果を生むことがある。

歴代ローマ皇帝の治世における過剰なインフレについては、第2章で初めて紹介したとおりだ。そんな支配者の1人、ディオクレティアヌスは、記録に残る史上初の物価統制の1つを直接指揮したことで知られる。[*9]

西暦301年に発令された「最高価格令」は、900品目以上の商品（なかにはオスのライオンなどというものも）、各種輸送、約130種類の労働について最高価格を定めたものだ。過去3世紀の過剰なインフレが起きたのは、ローマ帝国が多方面でほぼ絶え間なく戦争を繰り広げており、どんどん膨れ上がる兵士の賃金を工面する方法を見つけなければならなかったことが一因だ。その単純な解決策が硬貨の改鋳だった。

しかし、ディオクレティアヌスと彼の取り巻きたちは、持続的な物価の上昇は通貨の劣化とはほとんど関係がなく、むしろ貪欲な投機家たちとずっと関係が深い、と結論づけた。

何人《なんぴと》であれ、大胆にもこの法令の形式に背こうとする者は、死刑をもって処するものとする。決して、悪法が制定されようとしている、と考えてはならぬ。制限を順守しているかぎりは、刑罰から身を守れるからだ。何かを買いたいあまりに、法令に反して強欲な売り手と共謀した者も、同様の罰に処す。（中略）［貯蔵により］不足を引き起こした者には、いっそうの厳罰をもって処することとする。[*10]

死刑のほうが、たとえば金利の上昇よりも重い罰であることは、ほぼ万人が認めるだろうが、この政策は成功しなかった。死刑（または、法令を信じるならば死よりも恐ろしい運命）を警告しているにもかかわらず、農民たちは当然ながら「市場価格」未満でみずからの生産物を売るのを拒み、そうして生じた不足は食糧暴動を引き起こした。場合によっては、農民たちが事実上、農奴の地位に追いやられることもあった。

当然、「賃金上限」を課された職業はますます不人気となり、そうして生じた労働力不足は、職業の強制的な世襲という形で対処された。

最高価格令が廃止されるのは、306年にコンスタンティヌスが玉座に就いてからのことだ。彼はソリドゥス金貨の発行により、それから17世紀後のブラジルのインフレ体験の定番の特徴となったような通貨改革を行った。

もちろん、通貨改革自体は物価安定を保証するわけではない。しかし、最高価格（または賃金物価統制）政策が市場の正常な働きを妨げ、供給の不足や過多を解消する価格シグナルが働かなくなった場合には、通貨改革が次の自然なステップといえるだろう。

ニクソンの大胆な物価統制の末路

より最近の物価統制の例が、1971年8月のニクソン政権のものだ。米ドルが激しい下押し圧力、そしてアメリカのインフレ率が同じくらい激しい上向き圧力にさらされていた当時、ニクソン大統領は大胆な策に打って出た。

具体的には、米ドルから金への兌換（交換）を一時停止し（要するに、調整可能な固定為替相場制であるブレトン・ウッズ体制を事実上終結させ）、アメリカの生産者を外国との競争から守るために10％の輸入課徴金を導入し、この2つの措置がインフレに及ぼす影響を和らげるため、大統領令11615号に署名して賃金と物価を90日間凍結したのである。

しかし、それは賃金物価統制の第1段階にすぎなかった。1973年1月に終了を迎える第2段階では、物価や賃金の上昇をガイドラインと一致させるよう求めた。このガイドラインは、(新進気鋭のドナルド・ラムズフェルドが指揮をとる)生計費審議会が課し、賃金委員会と物価委員会が管理するものだった。

大企業(その定義は恣意的だったが)は賃上げや値上げの前に承認を得る必要があった一方、中小企業はガイドラインを上回る賃上げや値上げを報告する義務があった。いわば、お役所主義が招いた大混乱だった。

第3段階になると、賃金物価統制が緩和される。すると、眠っていたインフレ圧力が再び激しく牙を剥き、ニクソンは1973年6月からいっそう厳しい統制を敷かざるをえなくなる。

こうして、統制計画の第4段階が始まった。しかし、この段階になると、お役所主義による非効率性、自由市場による鞘取り、絶望的に緩和的な金融政策が相まって、統制の効果はほとんどなくなっていた。

実際、ミネアポリス連邦準備銀行はその4年後にこう結論づけるはめになる。「賃金物価統制がインフレからの持続的な救済をもたらす可能性は低い」[*11]。それればかりか、こうも続けた。

物価は、第1段階と第2段階に［統制がなかった場合よりも］低下したが、ごく短い期間を除いて、賃金は違った。したがって、実質賃金は本来よりも上昇し、雇用と産出量は減少した。しかし、第2段階の終わりにかけて、物価が追いつき始めた。統制は賃金にほとんど影響を及ぼさなかったため、これによって実質賃金が減少し、企業は労働者の雇用を増やして生産を押し上げるという形で応じた。

言い換えれば、統制は生産に恒久的な影響を与えなかったが、生産の変動性は短期的に上昇し、結局インフレ率は本来よりも恒久的に高くなってしまった、ということだ。つまり、持続的な経済的成功の模範例とは呼びがたい。

最終的に、このニクソンショックは経済的失敗に終わったが、インフレが他国で起きた厄介な出来事によって引き起こされるか（ニクソンの保護貿易主義的な直感と一致する）、強欲な企業または労働組合（どちらなのかはその人の政治的視点による）の活動によって引き起こされるかの2つに1つである、と考える人々にとっては魅力的な政策に映った。数年後、ハロルド・ウィルソン政権下のイギリスが体験するように、政治的に魅力的な選択肢が、経済的に整合性のある選択肢に勝ったのだ。

「物価統制」が各地で支持されたが……

近年の新型コロナパンデミック後のインフレ率の急上昇が、新たな物価統制を求める声につながるのは、ほぼ必然の流れだった。その最大の根拠は、ウラジーミル・プーチンがウクライナ侵攻への制裁に対抗し、ロシアから欧州連合へのパイプライン天然ガスの供給削減を決めたことだった。天然ガスの卸売価格は、２０２１年初めから２０２２年終盤にかけて10倍になり、インフレ率を１９７０年代から１９８０年代初頭以来の数値に押し上げる一因となった。

２つ目の根拠は、金融政策の誤りではなく供給ショックから生じた物価高に、利上げで対処するのは何の意味もない、という考えにあった。この考えは、インフレ率の上昇はあくまで「一過性」のものであり、金融政策とは無関係である、という中央銀行家自身の主張と関連していた。[*12]

物価統制の有力な賛成意見はもう２つある。マサチューセッツ大学アマースト校のイザベラ・ウェーバーと、米シンクタンク「ルーズベルト研究所」のトッド・タッカーによるものだ。[13]ウェーバーの議論は、企業が供給不足につけ込んで便乗値上げを行い、荒稼ぎをしている、という考えに基づく。

これは第二次世界大戦末の出来事と重なる。「政府は景気後退リスクをともなう緊縮へと向かうかわりに、インフレ率を押し上げる特定の物価に的を絞ることも可能だ」と彼女は言う。そのうえで、「物価を押し上げる利益の継続的な拡大に耐えるか、入念に厳選した物価に適した統制を行うかの二者択一」を迫られているとも訴えた。

タッカーもまた、パンデミックがサプライチェーンに及ぼした影響のせいで一時的な不足に見舞われている製品の「選択的な物価統制」を支持した。寡占企業や独占企業で占められる世界、つまり大半の企業が価格受容者《プライステイカー》ではなく価格設定者《プライスセッター》の側に立つ世界では、消費者にとってより公平な結果を実現するために介入を行うのが政府の仕事である、というのが彼の見方だった。

戦争やロックダウンにまつわる制約が解消されれば、なんらかの供給混乱が起こる可能性が高まり、強欲な企業は必要以上の値上げを行うだろう。よって、ほかの状況よりも積極的な政府干渉が必要になる、というのだ。

ロックダウン後の物価統制が誤りである3つの理由

これらの議論は一見すると魅力的に思える。実際、パンデミックの終息にともなって無数の供給不足が生じた。しかし、詳しく調べてみると、現実のデータはこの筋書きに沿っていないことがわかる。

―理由1― 企業は価格設定力だけで利益を上げているわけではない

第一に、企業利益がアメリカのGDPに占める割合は、2000年あたりから上昇傾向にあるが、その後のインフレ率はおおむね減少傾向にあった。価格設定力だけが利益上昇の理由でないのは明白だ。

―理由2― パンデミックで利益を上げた企業の値上げ幅は限定的

第二に、アメリカの産業内部で最も高利益な部門は、パンデミック中に利益が特に急増したとはいえ、値上がり幅が最も大きい部門ではなく、小さい部門だった。

——理由3——「選択的な物価統制」など不可能

第三に、インフレ対策として「的を絞った」統制だとか「選択的」な統制を実施するのは、パンデミック後に最大の値上がりに見舞われた部門が、家具から、自動車やトラックのレンタル、ホテルやモーテルまで多岐にわたることを考えると、とうてい一筋縄でいくとはいえない。事実、２０２１年から２０２２年にかけてアメリカ経済にインフレが広がると、「的を絞った」物価統制を支持する有力な根拠はないことがますます浮き彫りになった。理由は単純だ。結局、ほとんどすべての物価を対象にせざるをえなくなるからだ。[*14]

といっても、物価統制が絶対に無用である、と言うつもりはない。経済学者のヒュー・ロッコフが著書『抜本的対策——アメリカにおける賃金物価統制の歴史（*Drastic Measures: A history of wage and price controls in the United States*）』で主張しているとおり、統制は、緊縮的なものになりがちなマクロ経済政策の痛みを和らげることもあるからだ。

しかし、重要なのは、**「金融引き締めなしでは、統制は失敗する」**という点だ。実際、この点こそが、朝鮮戦争中の統制の成功（Ｆｅｄに金融引き締め政策を追求する自由があった）と、ベトナム戦争中の統制の失敗（どういうわけか、Ｆｅｄは金融のブレーキを踏まないほうを選んだ）を分ける重要なちがいの1つだった。

さらに、「統制が最も有効だったのは、統制が全面的に適用された場合だった。主要な物価が適用外になれば、その分野に需要が流れ、大幅な物価上昇と生産のひずみが生じる」という。つまり、**選択的な施策だけでは成功の望みは薄い**、ということだ。

より一般化すると、「近代国家には、総需要の急激な拡大を前にしても物価を統制する力がある。（中略）それが可能なのは、経済生活の抜本的な統制を通じてのみだ」。この結果は、戦時中なら受け入れられるかもしれないが、1970年代中盤にハロルド・ウィルソン政権が多大な代償とともに発見したように、ほかのほとんどの状況では受け入れられないだろう。[*15]

エネルギー価格統制の効果は「あやふや」

エネルギー価格に関していうと、「的を絞った」統制の主張は政治的に魅力的であり、実際に必要なこともあるだろうが、**経済的な根拠のほうは残念ながらあやふやとしかいえない**。実際に取りうる選択肢のなかに、簡単にうまくいくようなものは皆無だ。当初のエネルギー価格の高騰がすぐに収まるなら話は別なのだが、それは希望的観測にすぎないかもしれない。

たとえば、天然ガス価格は、実はプーチンによるウクライナ侵攻のずっと前から上がっていた。中国政府が空気を汚す石炭火力発電所からよりクリーンな天然ガス火力発電所に移行しようとしたために、中国の需要が急増したことが背景の1つとしてある。つまり、天然ガス価格の高騰は、ロシアの天然ガスパイプラインの供給の問題というより、当初は中国の需要の問題だったのだ。[*16]

エネルギー価格の上昇がインフレに及ぼす影響を抑える第一の選択肢は、エネルギー会社に価格上限を課し、卸売価格の増加分を顧客に転嫁できないようにすることだ。その結果として、2021年終盤にイギリス国内のエネルギー会社が体験したように、倒産リスクが高まるだろう。

第二の選択肢は、エネルギー価格の上昇で最も得をする立場の企業に超過利潤税を課すことだ。この場合も、矢面に立たされるのはエネルギー会社だろう。しかし、税引後利益の減少は、ロシア産や天然ガス以外の代替エネルギーへの将来的な投資意欲を削ぐことにつながるかもしれない。

第三の選択肢は、政府借り入れの増額によってまかなわれる補助金を通じて、国内顧客や法人顧客の支払うガス価格と、ガスの卸売価格の差を穴埋めすることだ。

この第三の選択肢は、新型コロナパンデミックの最中に始まった一時帰休制度〔コロナ緩和のため、自宅待機中の従業員の賃金の一部を政府が負担する制度〕や企業支援制度によく似ている。これらの制度と同じで、補助金の目的は、一般家庭や企業が厳しい金銭的困窮に陥ったり、極端な場合には破産したりするのを防ぐことにある。

しかし、パンデミックは、ウイルスの変異や、現代の場合はワクチンの発見によってやがて収まる可能性が高いのに対し、エネルギー価格の高騰は長期的に持続する可能性もある。現に、原油価格は１９７３年に4倍になったあと、１９７９年にまた倍になった。価格が再び沈静化するのは、１９８０年代中盤になってからのことだ。

もしエネルギー価格補助金を10年間以上も支払い続けていたら、財政に壊滅的な影響が出て、インフレ率の持続的な減少を実現できる見込みは少なくなっただろう。いわば、エネルギー価格上昇の影響を未来の納税者に転嫁するだけだったはずだ。しかも、それは巨額の財政赤字を長期的に穴埋めできるという前提つきの話だ。

すでに見たとおり、経済成長を後押ししようとするイギリスの１９７０年代中盤の試みは、ポンド暴落、そして最終的にはＩＭＦによる救済を招いただけだった。その一方で、政府借り入れは収拾不能に陥り、インフレ抑制の見込みはますます遠のくだろう。またもや、バートンとテイラーの問題に逆戻りだ。

また、重大な累積的問題もある。ガス価格の高騰がガスの供給不足の表われであり、継続的な戦争の影響でしばらくガス供給が増加する見通しが立たないなら、ある国のガス補助金は事実上、他国に対する保護貿易政策として働く。

その国の市民は他国よりも安いガス料金の恩恵を受けるため、短期的には、その国の経済は他国よりもひどい被害をこうむらずに済むだろう（もちろん、その補助金を手軽にまかなえるなら、だが）。しかし、世界じゅうの国々が同様に振る舞えば、ガス需要に事前の変化は起きないだろう。一般家庭や企業はそれまでどおりの生活を続けるだけだ。

しかし、事後的には、同じ生活は続けられなくなる。理由は単純で、補助金はガス供給の増加に結び付かないからだ。となると考えられるのは、ガスの卸売価格がいっそう大幅に上昇し、悪意のあるガス生産国の収益が膨らみ、ガス輸入国の政府によるいっそう巨額の補助金が必要になる、という結末しかない。[*17]

結局は、次の2つの対策のどちらかが必要になる。1つは、需要の増大に合わせて供給を増やすこと。ガスの場合、ロシアの天然ガスパイプラインから、たとえばカタールによるガス供給に切り替えることが考えられる。そうなると、新たなパイプラインを建設するか、液化天然ガス（LNG）の出荷・貯蔵施設を大幅に拡張することになるが、いずれも時間がかかる。そしてもう1つは、供給の減少に合わせて需要を減らすことだ。

厄介なことに、エネルギー価格補助金は長期的に見て大惨事につながる可能性もある。財政が悪化し、バートンとテイラーの問題が再び首をもたげ始める。中央銀行に厳しい金融政策で放漫財政を埋め合わせる覚悟がないかぎり（1980年代のドイツ連邦銀行が得意としていたように）、より持続的なインフレが始まるリスクが生じるだろう。つまり、今日の低インフレは明日の高インフレにつながるだけなのだ。

サージェントの見解は的外れだったのか？

価格上限などの「統制」が、インフレ問題の解決にさほど有効でない理由を説明し終えたところで、次は予想の話に戻ろう。ハイパーインフレのトラウマの終焉に関するトーマス・サージェントの見解は、ある意味、金融政策の設定に関する常識の重要な一部になった。中央銀行の独立性や堅実な財政もその1つだし、減税や支出の増加に関して過大な約束をしないこともその1つだ。

ある国がインフレ問題を抱えているなら、独立した中央銀行に、インフレと戦う法的な権限を与えればいい。[*18] ある国が「放漫財政」を抱えているなら、中期的に見て「正しい行動」を引き出すための財政的なルールを定めればいい。方法はどうあれ、大半の先進国、そしてますます多くの新興国が1990年代以降に行ってきたのは、そういうことだ。

長年、その成果には目をみはるものがあった。しかし、サージェントが見過ごしていたのは、インフレが再びやってきたらどうすればいいのか、という問題だ。そもそも、中央銀行を2回独立させるなんてことは不可能だ（もちろん、途中で中央銀行が独立性を失えば話は別だが）。

それでも、2021年にインフレ率が容赦ない上昇を見せ始めると、どこかの歯車がくるったのは明白だった。中央銀行の独立性を支持したサージェントの主張が的外れだったのか？　それとも、中央銀行の独立性は必要だが、持続的な物価安定を保証するには不十分なのか？　そうだとした場合、インフレ率が目標値に戻ることを保証するものとは？

「予想」の果たす（建前上の）役割とは

中央銀行家たちが用いる標準的な弁解は、インフレ予想が安定しているかぎり、インフレが持続的な問題になることは考えにくい、というものだ。なぜこの結論にたどり着いたのかを理解するのはそう難しくない。何より、フリードマンとフェルプスはいずれも人々の予想をフィリップス曲線批判の中心に据えたし、ルーカスとサージェントは今日の適切な制度的枠組みが明日以降のインフレ予想を固定するのに役立つという見方をとった。

それ以降、インフレ予想の指標はどんどん増殖を遂げてきた。物価連動（インフレから保護された）債券市場に埋め込まれた指標から、企業、消費者、証券アナリストの調査結果、そして何より、多数の専門エコノミストたちによる大量の正式な予測などがそうだ。こうした指標はどれも、理論上は、金融政策が順調かどうかを評価するための指針として使えることになっている。

しかし、現実には、これらの指標のなかにはお世辞にも役立つとはいえないものもある。大多数のエコノミストが予測に用いる標準的なアプローチを例に取ろう。中央銀行のインフレ目標と、目標達成までの想定されるタイムスパンを知れば、予測家たちはおそらくそのタイムスパンの終了時点の目標値とおおむね一致するインフレ率を「予測」するだろう。しかし、それは予測というよりも仮定に近いように感じる（正式な意味では予測なのだが、入手可能なデータの厳密な分析ではなく、普通は信頼に基づいている）。インフレ率に影響を及ぼしうる物事は山ほどあるが、典型的な予測家たちはその大部分を脇に置いてしまう。

公正を期すために言っておくと、この手法は、長い物価安定の時代には効果抜群だった。しかし、過去に機能したからといって、将来的にも機能するという保証はどこにもない。

実際、2021年のインフレ動向が何十年と見たことのない姿に変身しつつあっても、今後2年間の予測はほとんど動かなかった。

どうやら、迫り来るインフレの脅威を目にしても、過去が未来の最適な指針になる、と信じ込んでいるほうが気楽だったのだろう。言うなれば、1960年代終盤の問題の二の舞だった。現実のインフレ率が一貫した上昇を始めても、生まれたての予測業界はアメリカのインフレ率が「平均回帰」するという予測を貫いたのだ。

より一般的にいうと、特定時点での人々のインフレ予想がわかったところで、その予想が将来的にどう変わるかはわからない。マクロ経済的なレベルで、人々の予想の形成方法を説明できるまともな理論を考え出した者はいないのだ。

逆にいえば、たとえ人々の予想が概念的な意味で重要だとしても、たとえばインフレが最終的に進む方向を評価するのにはほとんど役立たない、という可能性もあるわけだ。[*19]

さらに、予想を組み込んだ典型的な経済モデルには、経済の現実と矛盾するだけでなく、ときには完全に支離滅裂としか思えない奇妙な性質がある。それは、経済学者たちが最も重要なはずの話題をいまだに理解できていないことを示しているのだ。[*20]

私たちの予想は「経験則」に左右される

実際、よくいわれるホモ・エコノミクス〔合理的経済人〕の性質に反して、**ほとんどの人が抱く予想は完璧とは程遠い。それは入念に調整された未来観というよりは、「経験則」に近い**ものだろう。

私たちはインフレ率が持続的に低いときには、あまりインフレの心配をしない。単純に、私たちの経済的現実の認識に歪みが生じることがほとんどないからだ。ところが、インフレ率が高くなると、私たちはいよいよ心配し始める。インフレ率の上昇にともなうさまざまな歪みが、私たちの生活に具体的な影響を及ぼし始めるからだ。

持続的な低インフレ期には、私たちは中央銀行がとうとうインフレを退治してくれたのだと喜んで信じるかもしれないが、その後、いざインフレが息を吹き返すと、その見方を見直し始めることがある。

人間の行動はほかの多くの場面でもだいたい同じだ。イングランドのサッカークラブ「マンチェスター・ユナイテッド」は、1992－93シーズンから2012－13シーズンまでのあいだにプレミアリーグで13回の優勝を誇った。ほとんどの評論家は、今後もユナイテッドの黄金時代が続くと考えていた。

ところが、翌10年間、ユナイテッドはプレミアリーグで迷走状態に陥ったようだった。ライバルチームはもはや、ユナイテッドのホームスタジアムであるオールド・トラッフォードを難攻不落だとは思わなくなり、その「赤い悪魔」が敵のサポーターから恐れられることはなくなった。

あとから見れば、ユナイテッド没落の理由はいくらでも説明がついた。たとえば、所有権、経営、移籍に関する方針の転換など。しかし、ユナイテッドの負けが込みだしたのは、突然チームの選手やサポーターたちが勝利ではなく敗北を予想し始めたからだ、という点を指摘する者はいなかった。

経験則(専門用語でヒューリスティックス)が広く使われているのは間違いない。経験則は多くの場合、世界を理解する手軽で効率的な手段だが、潜在的な不確実性の源でもある。

私たちが経験則を見直すのは、どんなときだろう? 見直す理由は? 2005年に当時のイングランド銀行総裁のマーヴィン・キングが説明したとおり、人々が「インフレ率はきっと目標値に等しくなるだろう」という経験則をずっと用いてくれれば、中央銀行は万々歳だろう。しかし、経験則がたとえば「中央銀行は口からでまかせばかり言っている。インフレ目標を満たす能力も意思もない。実際のインフレ率はたぶん急上昇すると思う」

に変化したらどうなるか。中央銀行は窮地に追い込まれるだろう。

経験則は「変化」する

人々の経験則を変化させるには、そうとう大きなショックが必要かもしれないが、そうした経験則がそもそもどう形成されるのかが不明なので、人々の未来観に関する警告サインを探すのは、まちがいなく中央銀行家たちの役目だ。

しかし、インフレ予想の指標を見るのは、おそらくその開始点としてはまちがっているだろう。人々のインフレ予想が上がるのは、価値観の是正を引き起こすような別の出来事によって、経験則が変化したあとだからだ。

マンチェスター・ユナイテッドの場合、格下チームへの予期せぬ連敗と、所有権や経営の変化が相まって、プレミアリーグの展望に関する人々の経験則が変化した。中央銀行の場合、2021年以降の予期せぬインフレ率の高騰と、迅速に物価圧力を鎮めようとしない中央銀行の怠慢が、持続的な物価安定が続くだろうという経験則を脅かしたといえる。

このことが、今度は重大な問題を生み出す。人々の認識が疑心暗鬼な態度へと変化しつつあることに、中央銀行が気づき遅れたらどうなるか。その場合、中央銀行はインフレ率の上昇に対して、金融引き締めをほとんど行わないだろう。こうした中央銀行の手ぬるい対応は、金融界の聖職者たちに対するかつての高い信頼を前提とした、時代遅れな経験則に基づくものだ。

さらに、中央銀行が人々の態度の変化や新たなインフレ環境という現実に真正面から向き合わず、インフレの加速について頼りない弁明を重ねれば（「インフレは一過性のもの」「一時的な現象にすぎない」「パンデミックが原因」「エネルギー価格ショックの表われ」）、いっそう深い泥沼にはまり込みかねない。「この中央銀行家たちは何もわかっちゃいない」がみんなの新たな経験則になるかもしれないのだ。

それは、マンチェスター・ユナイテッドのファンがオールド・トラッフォードでいっせいに立ち上がり、オーナーたちを名指しして「グレーザーたちが嫌いなら立ち上がれ！」と大合唱するようなものだ。[*21]

結論　インフレへの処方箋

まずは「政策ルール」について。政策ルールの枠組みはきわめて重要だ。中央銀行がさまざまな状況でどういう行動を取るのかを人々がきちんと理解していればいるほど、金融政策は効果を増す。

人々はまた、金融政策の枠組みが放漫財政によって乗っ取られることはおそらくない、ということも知っておく必要がある。人々は合理的ではなく直感的に、金融政策と財政政策のあいだにバートンとテイラーの関係性が成り立つことを知っている。しかし、政策立案者たちが正反対の方向に綱引きを繰り広げるようでは、信用などできるものではない。

したがって、**金融当局が財政当局を支配するべき**だ。少なくとも、金融政策を財政政策よりも優先させるべきだろう。サージェントによれば、ハイパーインフレが終わりを迎えたのは、貨幣の発行による財政赤字の穴埋めが終わりを迎えたからにほかならない。その傾向に少しでも反転の兆しが見えれば（持続的な量的緩和の約束など）、この単純なルールはあっけなく崩れてしまうだろう。

次に「統制」について。**賃金物価統制は、歴史のなかに、もっというとマクロ経済政策のなかに一定の居場所があるが、その居場所は限られている。**1つに、そうした統制は、私たちが平時に享受している自由に受け入れがたい制限を課すものだからだ。何より、統制が有益な目的を果たすとすれば、それはすでに緊縮的である金融政策をいっそう強化する場合だけだろう。決して、中央銀行の措置のかわりになるものではない。

そして「予想」について。人々の予想は理論的には重要だが、予想の形成方法についてはほとんど理解が進んでいないのが実情だ。ほとんどの人は経済的な「経験則」に頼って日常生活を送っており、ごくたまにしか経験則を見直さない。

しかし、重要なのは、そうした**経験則の見直しが、たとえば金融当局への認識をがらりと変えてしまうことがある**、という点だ。もし、金融当局がそうした認識の変化を見過ごせば、インフレ目標を達成できる見込みはぐんと低くなってしまうかもしれない。逆の言い方をするなら、最悪の部類の中央銀行とは、自分自身の反インフレのプロパガンダを独善的に信じ切っている中央銀行なのだ。

これらの点を踏まえたうえで、パンデミック後のインフレの再来をどうとらえればいいのだろうか？　インフレはどこからやってきたのか？　解消するには？　次は、政策立案者たちが正しかった点、そして見誤った点を見ていこう。反インフレのプロパガンダは、実はあまりにも魅力的なものなのだ。

第6章

結局、今はインフレなのか

通り雨と嵐。1970年代の教訓。インフレ目標の問題点。後ろ向きのテイラー・ルール。スヴェンソンの「タイムマシン」ルール。中央銀行に「4つの検証基準」が必要なわけ。

インフレの「通り雨」には前例がある

近年の歴史に見られる1つのパターンが、不運に見舞われた西側諸国というものだ。2021年以降のインフレの再来は、どの国（または中央銀行）にも制御できない一連の外的なショックの表われだった。

一時的な供給の混乱を引き起こしたパンデミック。ウクライナ戦争後のエネルギー価格の急騰を招いたウラジーミル・プーチンによるヨーロッパのガス供給の掌握。世界的なサプライチェーンを傷つけた2022年の中国の新たなロックダウン。

総合すると、インフレの再来は一連の不運な出来事の表われにすぎなかった。だとすれば、インフレは訪れたときと同じくらいあっという間に過ぎ去るはずだ。

確かにそうかもしれない。なんといっても、そうしたインフレの通り雨には前例がある。第二次世界大戦直後、アメリカで物価統制が解消されると、インフレ率が一時的ながらも急上昇した。1946年だけで、インフレ率はなんと平均18・1%に及び、翌1947年にはペースが落ちたものの依然として平均8・8%と厳しい状況にあった。しかし、1949年を迎える頃には、物価は落ち着いていた。

これらは特殊な状況だ。戦時中の配給により、物価は「自由市場」を想定した場合よりも低くなっていた。常に金融刺激と財政刺激の両方をともなう戦時中のことだからなおさらだ。軍需品づくりに精を出していた人々は、お金《かね》こそ持っていたが、配給があるおかげで使い道がなかった。

しかし、戦争が終わると、配給はもはや不要どころか、正直なところ有害になった。なんといっても、配給は闇市場を増大させ、腐敗を制度的に許容してしまっていたからだ。ところが、配給の終了により、物価は配給がない場合の水準へと上方修正されていった。[*1]

もう1つの一時的なインフレの通り雨の例として、1950〜1953年の朝鮮戦争中に起きたものがある。1950年と1951年の両方にアメリカで記録された約6％のインフレ率は、その後、紛争が膠着状態に陥り、1953年の休戦へと至るにつれて、急速に沈静化していった。

インフレ率の急上昇に見舞われた国々はほかにもあるが、いずれも戦争の終結が物価圧力の比較的平穏な時代を切り開いたのだ。

「通り雨」はときに「嵐」に変わる

戦争のような一時的な異常事態こそ、物価安定が当たり前の世界におけるインフレの最大の原因だ、と考えたくなるのはわからなくもない。しかし、1930年代の金本位制の崩壊以降に起きた貨幣価値の全体的な下落を踏まえると、その誘惑に惑わされないのが賢明だろう。そもそも、世界を1960年代終盤から1970年代初頭にかけてのインフレの混乱へと引きずり込んだのは、その種の短絡的な思考なのだ。

当時のイギリス財務大臣のアンソニー・バーバーは、1970年代初頭のインフレ率の高騰についてこう説明した。

インフレの大部分は、われわれには制御できない海外からの輸入コストや輸入価格の影響である。[*2]

この発言は、1974年2月、世界の原油価格が4倍になった直後のものだ。インフレの責任を、1973年の第四次中東戦争でイスラエルを支持した西側諸国に対するアラブ諸国の原油禁輸になすり付けるほうが、イギリス国内で何かがおかしくなっていることを認めるよりも簡単だったのだ。

しかし、政権交代を経た翌月には、この筋書きは（当然かもしれないが）変わった。労働党所属の新財務大臣であるデニス・ヒーリーは、こう述べた。

1973年には貨幣供給量や信用創造が急速に拡大した。（中略）広義の貨幣供給量は、この1年間で27％増加した。この通貨拡大の強力な原動力になったのは、40億ポンドを超える公共部門の借入要求だった。[*3]

さらに、こうもつけ加えた。

財政政策と金融政策が相容れなければ、どんなに完璧な所得政策と連携した物価統制や補助金をもってしても、インフレとの戦いに勝利できる見込みは薄いだろう。[*4]

いわばヒーリーは、4倍になった原油価格がイギリスのインフレ率上昇の一因ではあるものの、唯一の要因ではない、と認めたのだ。しかも、前財務大臣とは異なり、彼はインフレ率がどうにか「自己修正」する、と決めてかかるつもりはなかった。

実際、前大臣のバーバーは1974年2月、「現在の原油価格の驚異的な高騰は、結果として国内の物価を押し上げると思われる。その結果、消費者需要は低下するだろう」[*5]と訴えていた。つまり彼は、原油価格の高騰がいずれ経済を減速させ、インフレ率が自動的に元どおりになる、と期待したわけだ。だが、そうはならなかった。

インフレを一連の不運な出来事のせいにする、というのがバーバーの政治的直感だった。しかし、本書を通じて訴えてきたとおり、インフレを一定の出来事が引き起こす純粋にランダムなプロセスとしてみなすのはまちがっている。

インフレショックがあっという間に終息することもあるが、持続的な賃金・物価スパイラルを誘発したり、すでに根を下ろしたインフレプロセスを勢いづけたりすることもある。ショックという視点はおもしろいが、インフレに関していえば、この視点だけで全貌を暴

図表6-1

オイルショックが必ず致命的なインフレを起こすわけではない

原油価格と物価指数の関係

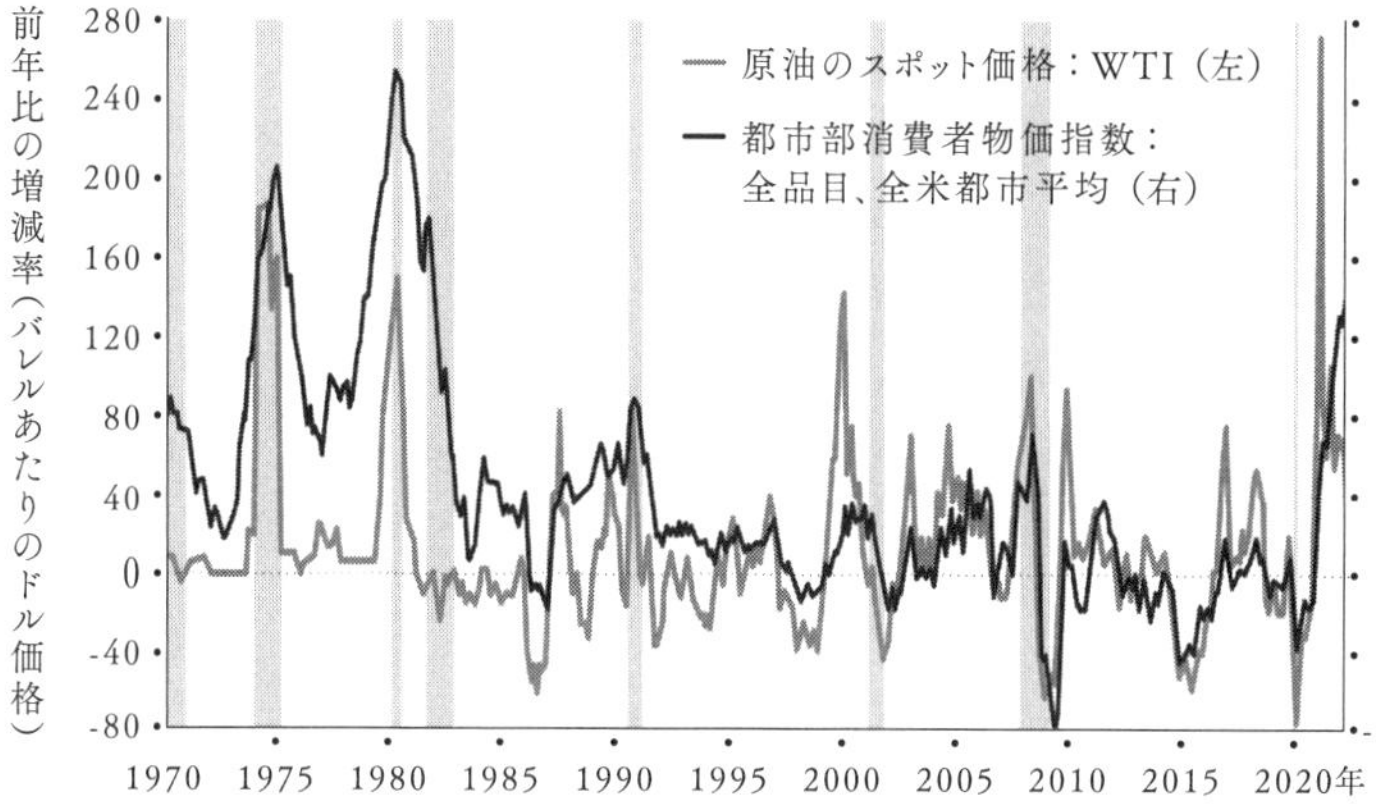

注：網掛け部分はアメリカの景気後退期

出典：セントルイス連邦準備銀行、アメリカ労働統計局

くには程遠い。

たとえば、**図表6－1**は、1970年初頭以降の原油価格の推移を、アメリカのインフレ率との比較で追跡したものだ。オイル「ショック」は何度も起きているが、より持続的なインフレ問題と結び付いているのは、1970年代と現時点のものだけであることがわかる。

「インフレ目標」には根本的な問題がある

もう1つは、制度、考え方、政治経済的な目標を加味したうえで、インフレ圧力が持続しやすい全般的状況について考える、という方法だ。1970年代に関していえば、これまで述べてきたとおり、答えは比較的単純だ。この時代に、インフレ率の「固定」に役立っていたさまざまな制度設計が崩壊したのだ。

ドルから金への兌換が停止されたことによる持続的な通貨切り下げ。調整可能な固定為替相場制であるブレトン・ウッズ体制のほぼ瞬時の消滅。それから、インフレプロセスを促進する（最も広い意味での）貨幣の役割に対する認識不足もあった。

しかし、近年になると、インフレの「制御」が失われる別の理由が現われた。1980年代終盤に始まったインフレ目標の時代の当初から、やがて政策立案者たちにとって現実的な悩みの種となる明白な概念的難問が存在していた。

今日の金融政策の決定の影響が表われるのは、将来のいつかの時点での話だ。1997年に運営の独立性を獲得したイングランド銀行は、タイムラグが常に「長く、可変的」であるという過去のマネタリストたちの主張に反して、標準的な「タイムラグ」は2年前後である、と早々に結論づけた。

しかし、このことは裏を返せば、**未来は非常に不確実なのにもかかわらず、現在の政策決定を未来「予測」に基づいて正当化しなければならない**、という意味でもあった。

政策立案者たちがこの立場に落ち着いたのは、この立場に満足していたからではなく（どうして満足なんてできるだろう?）、それ以外の手段をすべて使い果たしたように見えたからだ。

過去数十年間の金融政策は、今この場で制御できる内容（「中間目標」）が物価安定という「最終目標」と予測どおりに結び付いている、というお約束の下で行なわれていた。しかし、中間目標はほとんど本来の仕事を果たせなかった。音楽にたとえるなら、ひどく音程をはずしていたのだ。

最もわかりやすい中間目標としては、狭義と広義の貨幣供給量（ミルトン・フリードマンらに感謝だ）や為替レートなどがあるが、これらの中間目標を制御しようとすることには2つの問題があった。1つ目は、中間目標がときどきおかしな振る舞いを見せること。[*6] 2つ目は、中間目標とインフレとの関係が実のところ不安定なことだ。[*7]

事実上、インフレ目標への移行は、こうしたさまざまな「中間目標」の重要性を低下させたようだった。やがて、金融政策の波及経路（政策金利の変更が経済全般に伝わるさまざまな経路）は単純に当然視されるようになった。重要なのは、政策変更が人々の予想に及ぼす影響だけのようだった。

「インフレ目標」の問題を解決する2つの方法

タイムラグの存在を仮定した場合、ある時点での正しい金融政策のスタンスを評価する最善の方法とは何か？　2つの手法が出現した。1つは驚くほどシンプルだが、あまり前向きとはいえない方法、もう1つは完全に前向きだが、タイムマシンでもないかぎり不可能な方法だ。

方法1
テイラー・ルール――バックミラーを見ながら政策を決める

1993年にジョン・テイラーが初めて定式化したシンプルな手法は、テイラー・ルールと呼ばれるようになった。[*8] テイラー・ルールは、Fedが取るべき行動というよりも、過去に取った行動を特徴づける試みだった。そういう意味では、当初は、当時のFedが金融政策を決定した方法を解き明かすための記述的な手法だった。

ルールは驚くほどシンプルだ。インフレ率がFedの想定する2%のインフレ目標を1%ポイント上回るたび、または実際の産出量が潜在産出量（これ自体が経済学で最もあいまいな概念の1つだが）を1%ポイント上回るたび、政策金利を0・5%ポイント引き上げればいい。

このルールには、後ろ向きのインフレ要素（常に一定のタイムラグをもって発表される最新のインフレ率）と、少なくとも理論上は前向きの要素（つまり、経済がその潜在能力を超えて機能している度合い）の両方が含まれる。後者は、将来の潜在的なインフレ圧力の指針の1つとみなせるだろう。

しかし、このいわゆる「産出量ギャップ」〔潜在産出量（潜在GDP）と実際の総産出量との差〕の指標は、近年に見られる大幅な修正を踏まえると、本来の理想ほど前向きとはいえない。[*9]お給料をもらってこうした物事の心配をしている人々は、日常的にテイラー・ルールを用いてFedの次の行動を割り出していた。[*10]現在のインフレ率と、実際の供給に対する需要水準についてのおおまかな評価を頼りに、アナリストたちは政策金利の先行きを「予測」することができた。

ところが、テイラー・ルールは次第に効果を失っていく。1つに、産出量ギャップと将来のインフレ率のリアルタイムな推定どうしに見られる関係が、著しく弱まったからだ。簡単にいえば、需要が強すぎても弱すぎても、インフレ率はほとんど動きを見せなかったのだ。

すると一部の政策立案者たちは、この関係の変化は中央銀行の信頼性がいまだかつてなく高まった証だ、と結論づけた。景気循環はもはやインフレ率の決定においてたいした役割を果たさなくなり、人類は絶対的な物価安定という楽園にようやくたどり着いたのだ、と。その一方で、本当にインフレ率全般が需要の変化に影響されないとしたら、インフレ率の急騰を根絶するのは今や困難になったのではないか、と危惧する者もいた。[*11]

このかなり悲観的な結論の1つの形は、比較的早くに表われていた。いわゆる「グレート・モデレーション（大安定期）」（この用語はその後、インフレファイターとしての信頼に磨きをかけた中央銀行家たちによって奪われた）に関する2002年の名論文で、アメリカのふたりの経済学者のジェームズ・ストックとマーク・ワトソンは、未来を予見するかのようにこう結論づけている。

> 改善された政策が一定の信用を得れば、その政策体制が維持されるかぎり、［産出量やインフレ率の変動性の］少なくとも一定の安定が期待できるだろう。しかし、変動性の低下の大部分は、経済的混乱の減少という幸運のおかげと思われる。とすると、あとに残るのはこんな不穏な結論だ。過去15年間の平穏は、より激しい経済的混乱の時代に戻る前の小休止なのかもしれない［傍点は著者］。[*12]

より端的に、金融政策を主に過去のインフレ目標とのずれに応じて調整しなければならなくなる、という単純な理由から、テイラー・ルールが役に立たなくなりつつある、と心配する者もいた。これは明らかに不穏な結論だ。経済を「運転」する人たちが、バックミラーだけを見ながらハンドルを握っていたというのだから。そんなふうに自動車を運転しようと思う人なんていない。それならなぜ政策立案者だけが？

方法2 「前向きのルール」——タイムマシンがあるなら有効

これが、特にラルス・スヴェンソンの支持するかなり複雑な「前向きのアプローチ」へとつながった。通称「予測ターゲティング（forecast targeting）」だ。[*13] スヴェンソン自身はこのアプローチを次のように要約した。

予測ターゲティングの3つの要点

要点1　特定の政策金利パス（たとえば、前回の決定に基づく政策金利パス）に対し、前回の決定以降に集められた新しい情報を加味して、新たなインフレ率と失業率の予測を構築する。

要点2　新たなインフレ率と失業率の予測が「良好に見える」（つまり、目標を最適に満たす）場合、その政策金利パスを採用する。もし良好に見えない場合は、良好に見えるようになるまで政策金利パスを調整する。

要点3　その政策金利パスと、インフレ率および失業率の予測を発表し、そのパスと予測に信頼性を持たせるため、その決定を合理的に説明する。そうして、市場参加者やその他の経済主体の予想を、発表されたパスや予測と一致させる。たとえば、採用したものとは別の政策金利パスに対するインフレ率や失業率の予測を発表し、それでは目標を同程度には満たせないことを証明する、といった方法が考えられる。[*14]

このアプローチは今や、世界じゅうの中央銀行に広く採用されているが、ちょっと考えれば、かなり明白な弱点に気づく。経済を動かすのは、自動車の運転とはちがう。自動車を運転する場合、フロントガラス越しに集められる情報は最新であり、なおかつ正確だ。だからこそ運転手は、道中で体験する問題に応じて、ハンドルとスピードを調整できるのだ。**スヴェンソンのアプローチは、明日の旅についての重大な決定を今日じゅうに下し、実在の障害物ではなく予測された障害物に基づいて旅の計画を練るようなものだ。**ほとんどの人は、そんな旅などごめんだろう。タイムマシンでも使えないかぎりは。

公正を期すために言っておくと、スヴェンソンのアプローチには「フィードバック」ループが存在するのだが、インフレ率が一時的に上昇しているだけの期間と、恒久的な高インフレに移行しつつある期間とを区別することなどどうやってもできない。リアルタイムで両者を見分けるのは困難だからだ。

金利の変化とインフレ率の変化のあいだのタイムラグが、たとえば2年だとしたら、ある月から翌月までに収集されたフィードバックは、ほとんど価値を持たないだろう。そのフィードバックに、たとえば2年後の世界についての有意義な情報をもたらす変化が含まれているなら話は別だが。

中央銀行家たちは安定した予想が安心感を生む、とよく言うが、第5章で論じたとおり、インフレ予想そのものが一定のタイムラグをもって変化する傾向にある。言い換えれば、「フィードバック」に頼るのは、低インフレから高インフレ（またはその逆）への変化が起ころうとしている最中には、たいした助けにならないわけだ。

それはまるで正面衝突が起きてから、事故を防ぐためにできることがあった、と気づくようなもので、フィードバックが得られた頃にはもう手遅れになっている。あとから見ればおもしろい発見があるかもしれないが、リアルタイムではまったく役に立たないのだ。

2つの方法の溝は、峡谷よりも深い

シンプルなテイラー・ルールと「予測ターゲティング」ルールのちがいは、1つの事実を浮き彫りにする。パンデミックとその後のエネルギー価格ショックに照らし合わせると、中央銀行家たちがいかに混沌と混乱の世界に足を踏み入れたのかがわかるのだ。

テイラー・ルールに従うなら、政策金利は実際のインフレ率の上昇を打ち消すくらい急速に上昇してしかるべきだった。一方、「予測ターゲティング」ルールは、目先のインフレ率の変動が将来のインフレ率にほとんど影響を及ぼさない、という考えに基づき、そのまったく逆を示していた。事実、実際のインフレ率が想定外の持続的な上昇を続けても、中央銀行家たちのインフレ予測はほとんど動かなかった。

ありがたいことに、アトランタ連邦準備銀行は、テイラー・ルール（のさまざまな形）に興味を持つ人々に、（主に「予測ターゲティング」ルールのさまざまなバリエーションに基づく）実際の政策金利と、テイラー・ルールが提案する金利とを比較できるウェブページを提供してくれている。[*15]

2021年にインフレ率の上昇が始まった瞬間から、2つの「ルール」のあいだの溝は劇的に広がった。たとえば、2022年第2四半期を見てみると、アメリカの実際の政策金利は1％弱だったのに対し、3通りのテイラー・ルールが提案する政策金利は、1980年代以降の最高値である5・5〜7・5％の範囲だった。

この2種類のインフレ目標設定の方法論のあいだの溝は、もはや峡谷と呼べるほどに広がっていた。**テイラー・ルールを放棄した中央銀行家たちはいわば、今日のインフレ率が2年後のインフレ率にほとんど影響を及ぼさないことを確かめられるタイムマシンを持っているような顔をしていたのだ。だが、どうしてそんなことがわかるというのだろう？**

人々は中央銀行の金融政策が絶対に正しいと認識しているので、目標値とのずれは一時的なものでしかありえない、というのがその答えのようだった。多くの中央銀行家たちは、インフレショックの「一過性」をやたらと強調することで、そうした信念を喜んで吹聴した（1970年代初頭の独りよがりな態度にそっくりだ）。実際、イングランド銀行のベン・ブロードベント副総裁は、2021年末にこんな所感を述べた。

この［貿易財の価格］ショックもまた、いかに巨大だとはいえ、今回の政策決定が効力を生じる頃には消失している可能性が高いだろう。実際、数年後にはこうした貿易財の価格の一部が下落し、インフレ率を引き下げることは十分に考えられる。[*16]

5カ月後、中国での新たなロックダウンとロシアによるウクライナ侵攻を経て、ブロードベントの上司であるイングランド銀行総裁のアンドリュー・ベイリーは、こんな見方を述べた。

これは非常に、非常に難しい立場だ。10％のインフレを予測しながらも、なすすべはあまりないと言わなければならないのは。（中略）これはまずい状況だ。このような一連のショックが、次から次へと立て続けに起きるなど、ほぼ前代未聞のことだからだ。[*17]

ベイリーはいわば、こう言っているも同然だった。「目先のインフレはイングランド銀行の手に負えないが、将来的なインフレ率にはたぶんほとんど影響を及ぼさないと思うよ。〝よくあること〟さ。中期的に見れば、インフレ率は明らかに低い数値を保つだろう。中央銀行への人々の信頼は揺るぎないからね」

しかし、この考えは、マーヴィン・キングが唱えたインフレの「クヌート王」理論〔波打ち際に玉座を置き、波に止まれと命じたが、波がその先まで押し寄せる様子を臣下たちに見せ、自然の秩序を前にした王の無力さを説いたクヌート王の説話にちなむ〕に反する。彼はこう述べた。「満足のいくインフレ理論は、〝われわれがそう言うのだから、インフレ率は低い数値を保つだろう〟という形式を取りえない[*18]」

インフレが深刻かどうかを判別する4つの検証基準

インフレが「よくあること」なのはそのとおりだが、**ものすごく難しいのは、数あるインフレのうちのどれが通り雨で（朝鮮戦争のときのように）、どれが長雨になりそうなのかを見分けること**だ。言い換えるなら、あるインフレ問題が深刻なのかそうでないのかをリアルタイムで判別するにはどうすればいいのか？

私は、その答えを出すには「4つの検証基準」をクリアしなければならない、と考える。

インフレが深刻かどうかを判別する4つの検証基準

検証基準1　インフレ圧力を高めるような制度変更はあったか？

検証基準2　インフレリスクの高まりを示すような過剰な通貨拡大の兆候はあるか？

検証基準3　「タイムマシン」や「外的ショック」などの議論を通じて、インフレリスクの高まりが矮小《わいしょう》化されているという証拠はないか？

検証基準4　供給サイドの状況が悪化していないか？

検証基準 1

インフレを呼び寄せる制度変更はあったか？

パンデミックの前段階やその後のすべての出来事に関していえば、ずばり答えは「イエス」だ。確かに、インフレを呼び寄せる制度変更はあった。

インフレと制度変更に関する3つの議論

本書に登場した3つの議論を振り返ってみよう。

議論1　インフレ目標がインフレ圧力を強めた可能性がある

極端なデフレ嫌いが意図せずインフレ圧力を生み出してしまった可能性がある。実際、Fedが2020年8月に移行した「柔軟な平均インフレ目標（FAIT）」政策〔単年ではなく長期間の平均でインフレ目標（2％）を満たせばいいとするFedの戦略〕は、そのような結果を半ば保証したといっていい。

目標値を大幅に上回るインフレ率（オーバーシュート）を、将来的に目標値を下回るインフレ率（アンダーシュート）で相殺するのは難しいだろう。というのも、平均2％というインフレ目標を達成するには、金利をいわゆるゼロ金利制約まで引き下げる必要が生じ、多くの人が恐れるデフレを誘発しかねない、という懸念があるからだ。[*19]

つまり、**FAITは平均インフレ率が正式な2％目標を上回りやすくなるようなメカニズムを生み出してしまった**といえる。中央銀行が2％目標を持続的に下回るインフレ率を容認しない一方、2％目標をゆうに上回るインフレ率は容認する（本書の執筆時点では、実際に容認している）、ということは周知の事実だからだ。

――議論2―― 量的緩和政策が、インフレ早期警戒サインを見えなくした

量的緩和政策は、中央銀行がインフレリスクの測定に用いていた重要な早期警戒サインの1つである、国債市場における自由変動価格を取っ払ってしまった。これはまるで、敵の空襲はもうないだろうと決め付け、レーダー基地を解体してしまうようなものだ。その結果、将来的な攻撃は、敵機が頭上に現われるまで検出できなくなる。まったく役立たずのアプローチだ。

量的緩和はまた、財政政策立案者たちの規律も低下させた。中央銀行家たちは間違いなく単なる偶然の一致だと主張するだろうが、長期的な金融緩和の期間が、平時では最大の

国債発行額の増加と結び付いているという点は目を惹く。中央銀行による「引き受け」がなければ、国債発行額はこれほど増加しただろうか？　量的緩和政策がなく、利払いの著しい上昇リスクと戦わざるをえなかったとしたら、財務当局はこれほど太っ腹な放漫財政を続けられただろうか？

――議論3――　中央銀行家が財政政策を静観するようになった

中央銀行の独立性は、金融政策と財政政策の制度化された結び付き（バートンとテイラーの関係性）を破壊したように見える。金融政策の独立性は、財政政策はインフレ率とは何の関係もない、という便利な言い訳を政府に与えた。金融規律という足かせから逃れたい政府にとっては、非常に好都合な結果だ。

これこそが、驚くほど短命に終わったイギリス新財務大臣のクワシ・クワーテンが、2022年9月に大型減税を発表した際に用いた究極の正当化だった。同じように、中央銀行もまた、財政的な過失の責任から逃れられるようになった。

しかし、2つのマクロ経済の「てこ」どうしの適切な連携がなくなったことで、政策は本質的に不安定になったといえる。**「独立性」を失うことへの恐れから、中央銀行は大がかりな財政刺激策が提案されたとしても、そのことが金利や為替レートに及ぼす影響につい**

て明言しようとせず、静観を貫く傾向にあった。実際、財政決定が金融に及ぼす影響に関して、多くの中央銀行家たちは自己検閲に走ったようだった。独立性とは名ばかりだ。[*20]

こうした展開はどれも、持続的な低インフレ環境では意味をなしたかもしれないが、インフレリスクが高まった世界では意味をなさなかった。言い換えるなら、**デフレの脅威に注目しすぎるあまり、制度設計の全面的な調整が行われ、その過程で政策決定の中枢に危険な非対称性をおびき寄せてしまった**わけだ。

ほかにも制度変更はあった。マネタリーターゲット（貨幣供給目標）から純粋なインフレ目標への移行は、１９７０年代終盤と１９８０年代の金融政策決定の中核だったさまざまな貨幣集計量への注目を失わせた。

確かに、貨幣集計量と最終的なマクロ経済目標との関係は、よく言ってもあいまいだったが、貨幣集計量はまったく当てにならない、という考えは間違いなく誤りだ。貨幣集計量は、ある年から翌年にかけての「精密」なインフレ予測を提供できるものではなかったが（かわりに中央銀行が信頼していたのはタイムマシンだ）、それでも全体的なインフレ状況の変化を指し示すのには有効だった（経済史に精通する人ならご存じのとおり）。

一方、インフレはすっかり死んだとみなされたので、中央銀行は物価安定の回復が最重要課題である高インフレ期には正直なところ望み薄といえる数々の目標を課せられるはめになった。

財政安定、完全雇用、「グリーン」ファイナンス、そして欧州中央銀行に関していうとユーロの保全。どれも立派な目標ではあったが、そのすべてを同時に叶えられる保証などなかった。その結果、必然的にトレードオフ関係が生じ、中央銀行は政治的に不利な選択をせざるをえなくなったのだ。

検証基準2

過剰な通貨拡大の兆候はあったか？

過剰な通貨拡大そのものはさまざまな形で現われる。1つは資産価格インフレだ。たとえば、1990年代終盤のドットコム・バブルや、数年後のアメリカ住宅バブルを思い出してほしい。どちらの場合も、バランスシートが膨れ上がり、レバレッジが上昇すると、中央銀行が金融政策の引き締めに走り、最終的にはすべてがはじけた。

不思議なことに、資産価格インフレが必ずしもより全般的なインフレを引き起こすとはかぎらない。実際、私がドットコム・バブル末期の1999年に論じたように[*21]、全般的なインフレが起きていないからこそ、資産価格インフレが起こることもある。

インフレが起きていないことが、経済がなんらかの「新しいパラダイム」に突入したという錯覚を生み出す。インフレが息を潜めつつも、経済成長率が恒久的に高くなったように見えるのだ。その結果として起こる資産価値の「再評価」は、たいてい経済の本来の実力をはるかに上回る富を生み出す。

すると今度は、その富が経済のファンダメンタルズ（基礎的条件）からはとうてい正当化できないほどのレバレッジを生み出してしまう。1920年代終盤や2000年のFedがしたように、中央銀行がようやく金融のブレーキをかけると、かさ増しされた資産価格評価に内在する暗黙の予想が内部崩壊を起こしてしまう。とともに、資産価格は暴落し、消化しきれない過剰な債務が残る。こうなると、レバレッジ解消の加速と需要の崩壊にともない、デフレが大きな脅威となって現われるのだ。

当然ながら、こうした出来事は、将来的な利益率に関する予想が異様に膨らんでいるのに、中央銀行が「実質」金利を適切な水準まで引き上げないことによって生じる。本当に資産市場が示すくらい景気がよいなら、将来的な投資に対する割引率もそれに準じてしかるべきだ。つまり、利用可能な資金をムダなプロジェクトに浪費するべきではないのだ。

しかし、中央銀行はこの金言を無視し、インフレそのものは抑制されているのだから金利は低いままでいい、と結論づけてしまうことが多すぎる。その結果は、2000年代中盤のアメリカのサブプライム・ブームの最中に起きたように、住宅バブルの場合もあれば、一時的に重力に逆らえるというメリットしかないような、得体の知れない金融商品への投資の場合もある。

その好例として、1720年の南海泡沫事件〔イギリスの南海会社に端を発する株価急騰と暴落〕で見られた一部の資産価格の高騰、1990年代終盤のドットコム・バブル、そして世界金融危機以降に名目金利が底打ちしたことによるビットコインなどの暗号通貨への関心の高まり、などがある。

将来的な経済成長に関する期待が膨れ上がっている時期とは対照的に、**正真正銘の持続的な高インフレ期は、フリードマンとシュウォーツの結論と一致するように、たいてい急速な貨幣供給量の伸びをともなう。**

アメリカの貨幣供給量の伸び率は、1968年に当時のインフレ率の上昇を反映して戦後初めて9%を超えた。さらに、1971年春（いわゆるM2貨幣集計量〔貨幣供給量の一種で、米国の場合、現金通貨、各種預金、個人向けマネー・マーケット・ファンドなどが含まれる〕の伸び率は同年13・4%のピークに達した）と1976年および1977年にも、より大きな上昇が起きている。

しかし、1980年代前半に何度か金融の混乱が起きてからは、貨幣供給量の伸びは鈍化した。ときおり、政策主導による「緊急的な金融緩和」は行われたが（2008年9月のリーマン・ブラザーズ破綻を受けた貨幣供給量の伸びがその1つ）、おおむね貨幣供給量の伸び率はもはや心配の種ではなくなったように見えた。

すべてが変わったのが2020年初頭だ。新型コロナパンデミックによるロックダウンにともなって経済活動が急減すると、中央銀行家たちは1930年代の大恐慌の再来のほうを恐れたため、インフレを深刻な脅威とはみなさなかった。そうした恐れは、インフレがすでに加速していた2020年から2021年の大部分にかけてのコメントによく表われている。いくつか例を挙げよう。

オフィス利用の減少は、レンタルスペースや賃料に持続的な下押し圧力を及ぼし、コストインフレを抑え、物価インフレを弱める可能性がある。[*22]

今のところ、［インフレは］取るに足らないリスクに見える。（中略）確かに、経済活動の回復が一時的な供給サイドの摩擦を生み出し、一定期間、コストや物価を押し上げる可能性はある。しかし、インフレ予想が過熱しないかぎり、背景にある労働市場の十分な余剰と不活発な活動水準が、人件費や利益率に蓋をする可能性が高いと私は思う。（中略）別の言い方をすると、経済がおおむね回復を果たす前に目標値を超える持続的なインフレが起きるリスクについていうなら、「この目で見るまでは信じない」というのが私のスタンスだ。[23]

経済や労働市場が中期的な潜在能力をこれほど大きく下回っていることを考えれば、いずれはインフレ率を持続的に目標値へと戻すために、そのギャップを埋める必要があるだろう。[24]

長期インフレ予想が実際のインフレ率や短期予想を大きく下回っていることから、一般家庭、企業、市場参加者たちもまた、現行の高いインフレ率は一過性のものである可能性が高く、結局のところＦｅｄが２％目標に近いインフレ率を長期的に維持してくれる、と信じているようだ。[25]

しかし、その裏で貨幣供給量の伸びが驚異的な加速を見せていることを指摘する者はほとんどいなかった。**２０２０年初め、米国Ｍ２の年間伸び率はわずか６・８％だった。しかし、5月までに20％を超え、２０２２年2月になんと26・８％のピークに達した。**その後、貨幣供給量の拡大は減速したものの、すでに傷は広がっていた。実際、貨幣供給量が比較的短期間のうちに急増していたのだが、大部分の時期、人々はロックダウンの影響でお金《かね》を使えずにいた。

この急速な通貨拡大は、1930年代の大恐慌の最中とはまったく異なる結果を金融部門にもたらした。銀行は破綻せずに生き残り、株式市場は暴落するどころかうなぎのぼりになった。労働者は解雇されずに一時帰休となり(解雇された場合でも、ほどなく復帰できた)、ほとんどの企業はつぶれることなく営業を続けた。そうこうするうちに、インフレ率は上向いていった。

すべての国や地域がこうした急速な貨幣供給量の伸びを体験したわけではない。ユーロ圏では、M3貨幣集計量の伸び率が2021年末に向けて2桁%に達したものの、アメリカほど劇的な状況ではなかった。それでも約13年ぶりの伸び率であることに変わりはなかった。イギリスの体験もほぼ同じだ。アメリカ同様、どちらの国でも、インフレ率はコンセンサス予想と比べて上振れした。

そして、ロックダウンの終息にともない、貨幣の流通速度が上向いた。突然、それまで増加していた「遊休」資金が活用できるようになったからだ。つまり、Mが鈍化するなかでVが上昇し、PTを押し上げたわけだ。ゆがんだ形とはいえ、貨幣数量説が復活を果たしたのだ。

タイムマシン頼みの金融政策、つまり「予測ターゲティング」は、偏った信念を生み出しやすい。デフレリスクのほうばかりを心配している中央銀行家たちにとって、過去とはまったく異なる新たな経済的現実に合わせて見方を調整するのは、ものすごく難しいようだ。

検証基準 3

インフレリスクの高まりが矮小化されている証拠はないか？

パンデミックやその後のエネルギーショックの最中に出されたコメントの数々は、インフレ率の持続的な上昇を示す証拠があまりにも長く無視されてきた、という考えを強く裏づけている。

その理由としては、インフレ予想が抑えられていたこと、インフレの貨幣的要因になかなか着目しようとしなかったこと、パンデミックの影響が完全に理解されていなかったこと、そして中央銀行家が本当にインフレを続ける宇宙の支配者であると盲信していたこと、などが挙げられる。

それは中央銀行家たちにとって最良の時間とはいえなかった。社会学者や心理学者たちなら間違いなく、こうした神聖化された機関の内部で「集団思考」がどう形成されていくのかについて、それなりの考えを持っていることだろう。
しかし、最大の失敗は、インフレが中央銀行家たち自身の監視下で再び姿を現わす可能性を認めたがらなかったことかもしれない。もし、実際にインフレが復活すれば、中央銀行家は自分たちの失敗と向き合わざるをえなくなる。彼らの仕事は、インフレ目標によって定義される物価安定を届けることだ。自分たちがもはや金融の神様などではなく、私たちと同じように誤りを犯す人間なのかもしれない、と認める気になれないのは無理もない。[*26]
世界が変化した可能性を認めたくないその気持ちが、延々と正当化を生んだ。インフレ率の上昇が金融政策とは無関係なのはなぜか？　そして何より、インフレ率の上昇が一時的なものである可能性が高いのはなぜか？
蓋を開けてみれば、タイムマシンで行けるのはインフレの楽園だけで、別の行き先を選ぶ余地はないようだった。賃金・物価スパイラルは1970年代の遺産であり、現代のものではない。だから、労働市場の逼迫はすぐに解消されるはず。エネルギーショックは一過性のものでしかありえないから、経済全体への波及効果はすぐに収まるはず。たび重なるロックダウンの影響で、中国経済が「オフライン」の状態になったとしても、世界規模のサプライチェーンはインフレの形成に持続的な役割を果たさないはず。そして、目先のインフレ率が上昇したとしても、金融政策によってインフレ率は2年以内に目標値へと戻

図表6-2

インググランド銀行の
金融政策報告書にあるインフレ予測

報告の日付	最新のインフレ率	1年先のインフレ予測	2年先のインフレ予測
2020年8月	0.3	1.8	2.0
2020年11月	0.6	2.1	2.0
2021年2月	0.8	2.1	2.1
2021年5月	1.7	2.3	2.0
2021年8月	2.7	3.3	2.1
2021年11月	4.3	3.4	2.2
2022年2月	5.7	5.2	2.1
2022年5月	9.1	6.6	2.1
2022年8月	9.9	9.5	2.0
2022年11月	10.9	5.5	1.4

出典：イングランド銀行の一連の金融政策報告書

るはず……。

この筋書きの1つの形を示しているのが、**図表6-2**だ。これはイングランド銀行の一連の金融政策報告書から作成したもので、現行のインフレ率と「1年先」のインフレ予測の両方が体系的に上昇しても、長期的なインフレ予測にはなんら影響を及ぼしていない様子がわかる（ただし、不思議なことに2022年11月だけは別で、イングランド銀行は2年後のインフレ率が目標を下回ること、つまりアンダーシュートをと予測している。金融市場が政策金利の将来的な水準に関してちょっと悲観的すぎる、と警告するためだろう）。これを見るかぎり、中央銀行家たちは完璧に精密なタイムマシンを持っていたか、現実逃避をしていたか、2つに1つだろう。

検証基準4

供給サイドの状況が悪化していないか？

テイラー・ルールでは、経済内部の「スラック」（未利用の余剰資源）の量を推定する必要があったのを思い出してほしい。いわゆる産出量ギャップ（経済学者の診断キットのなかで最も怪しげな指標の1つだ）は、需要が供給を上回る（または下回る）度合いを測定するものとされている。

大半の中央銀行は、産出量ギャップを日常的に計算しており、なかにはその推定値を公表するところまである。将来的におそらく膨大な量の訂正が必要なことを考えると、これは勇猛果敢な行為といっていい。

通常、ある経済の「供給サイド」の実績は、金融政策ではこれといった影響を及ぼせない「所定」のものとして扱われる。その前提に立つと、中央銀行の主な役割は、経済が「過熱しすぎ」や「冷え込みすぎ」の状態にならないように、需要を操作することだといえる。

アメリカの経済成長がはるかに弱まっている

しかし、供給は変動しうる。そのことを証明する1つの方法は、1つの景気循環の山（または谷）からその次までの平均成長率を見る、というものだ（**図表6－3**）。これは、1つの景気循環全体にわたる需要の変動性に対して調整を行う1つの方法だ。

そうすることで、潜在供給力が所定のものとは程遠く、大きく変動しうることをはっきりと証明できる。特に目を惹くのは、世界金融危機とパンデミック以降、アメリカの経済成長が過去と比べてはるかに弱まった、という点だ。

ある経済の厳密な潜在供給力をリアルタイムで知るのは不可能だ。大部分が技術進歩のスピード、労働参加率、他国の競争力といった「不確定要素」によって決まるからだ。つまり、金融政策の誤りが依然として起こりうる、ということだ。

デフレは、供給が豊富なのに需要が沈んでいる状況で起こりやすくなるのに対し、インフレは、供給が限定的なのに需要が堅調な場合に起こりやすい。そして、パンデミック直後に生じたのは、まさしく後者の状況だった。

すべてではないにせよ、一部の経済活動が再開すると、供給は地域的にも世界的にも制

図表6-3

アメリカの景気循環の山と山のあいだの実質経済成長率

山から山までの日付	平均年間成長率(%)
1948年 第4四半期 ～ 1953年 第2四半期	5.5
1953年 第2四半期 ～ 1957年 第3四半期	2.5
1957年 第3四半期 ～ 1960年 第2四半期	2.9
1960年 第2四半期 ～ 1969年 第4四半期	4.5
1969年 第4四半期 ～ 1973年 第4四半期	3.7
1973年 第4四半期 ～ 1980年 第1四半期	2.9
1980年 第1四半期 ～ 1981年 第3四半期	1.4
1981年 第3四半期 ～ 1990年 第3四半期	3.4
1990年 第3四半期 ～ 2001年 第1四半期	3.3
2001年 第1四半期 ～ 2007年 第4四半期	2.6
2007年 第4四半期 ～ 2019年 第4四半期	1.7
2019年 第4四半期 ～	1.0

注：最新の数値は2022年第2四半期まで。
出典：全米経済研究所、セントルイス連邦準備銀行のFRED（連邦準備制度経済データ）

限されていたのに、地域的な需要は強まった。世界的な供給制限は、ほとんどの場合、明白だった。たとえば、一部の先進国で需要が急増するなか、中国の「ゼロコロナ」政策はたび重なるロックダウンを招いた。

地域的な供給制限は、それと比べるともう少し不明瞭だったかもしれないが、おおむね同様の効果をもたらした。以前と同じ条件で職場に復帰するのを拒否した労働者。資産市場の高騰に背中を押され、早期退職を選択した人々。より高報酬の仕事を探して国境を越えるよりも、母国にとどまることを選んだ人々。ロックダウン中の供給不足の深刻化を認識し、対応することに失敗した市場。そしてイギリスの場合、ブレグジット〔イギリスのEU離脱〕でEUの労働者の流入が減少したことによる労働市場の突然の硬直化もあった。

こうした地域的な影響が最もくっきりと現われたのが、労働市場データだ。いわば、労働者が少なすぎて、パンデミック後の雇用市場のニーズを満たせなかったのだ。

失業率の悪化にともない、欠員が急増した。名目賃金の伸び率が加速し始めた（当初、伸び率の加速は、主にエネルギー価格の高騰を反映した消費者物価指数の急上昇に追いつくほどではなかったが）。労働者たちはより高い賃金を求め、職を転々とし始めた。すると企業は、従業員をつなぎとめるため、賃上げを検討し始めた。労働組合はどんどん過激になり、一部の国々でストライキ日数が急速に増していった。

確かに、経済成長は堅調とは程遠かった。それでも、要因は需要不足だと結論づけるのは完全な誤りであり、多くの点で、1970年代の誤解の二の舞だった。むしろ、供給のほうに、推定された「潜在生産力」が示すほど需要を満たす力がなかった、というほうが正しい。

まるで、何カ月もジムをサボるうちに、ウエイトを持ち上げる力がぐっと衰えていることにふと気づいたようなものだ。そういう状況で重すぎる重量を持ち上げようとすれば、ケガを負い、地元の理学療法士の下で長期間のリハビリをするはめになるだけだ。

グローバル化経済の終わりの始まり

しかし、すべての根底には、パンデミックよりも、そしてプーチンのウクライナ侵攻よりも前までさかのぼる根深い問題があった。本章の前半で引用したストックとワトソンの言葉を思い出してほしい。「［インフレ率の］低下の大部分は、経済的混乱の減少という幸運のおかげと思われる」。グローバル化という文脈でとらえるのが、この言葉の1つの解釈方法だ。

国境が崩壊し、経済協力のハードルが低くなると、（従来の指標による）経済効率性は大幅に改善した。最も魅力的な賃金、生産性、ガバナンス、ロジスティクス、法律の組み合わせを求め、資本が国境を越えて自在に移動できるようになると、製品価格は下落していった。

これはいわば、19世紀終盤のデフレ傾向の再来だ。確かに、北米や西ヨーロッパなど、世界の高コストな地域で製造業に従事する人々は打撃を受けたが、そういう人々はすでに少数派となっていた。大規模な自動化をともなう過去の技術革新の影響もあり、すでに製造業からサービス業への決定的な移行が起きていたのだ。

こうした世界的な資源配分の改善は、供給サイドのディスインフレ革命とでも呼ぶべき現象を巻き起こしたといえる。北米や西ヨーロッパの中央銀行家たちにとって、それは天恵といってよく、一定のインフレ目標を達成するのはずっと簡単になった。いわば、強烈な追い風が吹き始めたのだ。

ところが、世界金融危機以降、それまでの超グローバル化時代が終わりを迎えつつあるという最初の兆しが現われ始める。1つの巨大で幸せな似た者どうしの民主主義国家の家族が誕生するかわりに、世界の超大国（とその衛星国）はどんどんお互いから遠ざかっていくように見えた。

最初に亀裂が入ったのはほかならぬ米中間だった。両国とも、まったく異なる政治体制を擁しながらも大成功した経済大国だ。実は、「アメリカ・ファースト」が反中スローガンとなった、ドナルド・トランプの4年間の大統領在任期間の前から、アメリカ議会はすでに中国の位置づけをパートナーから脅威の1つへと切り替えていた。

早い話、アメリカ政府は中国政府が日本政府や韓国政府と同じように民主主義の原則を受け入れる、という希望を早々に捨てていたわけだ。

一方の中国政府にも、事実上「メイド・イン・アメリカ」の世界秩序に従う気など毛頭なかった。今後、中国が世界最大の経済大国になれば、中国の求心力は高まるはず。だとすれば当然、国際問題に関してずっと大きな発言権を与えられるべきではないか？

新型コロナパンデミックは、すでに進んでいた分断のプロセスに弾みをつけた。それまで経済効率性の源泉とみなされていた世界規模のサプライチェーンが、今や国家の脆弱性の源泉とみなされるようになった。かつて信頼してルールづくりを任されていた国際組織（WHOなど）は、今や特定の国のスポークスマンにすぎないのではないか、という疑いの眼差しを向けられるようになった。

ウイルスの広まるスピードは、国境が単に不幸な分断を生む原因になるだけでなく、善を促す力にもなりうるのではないか、という実感を広めた。

ロシアによるウクライナ侵攻もまた、同じような内省を促した。パイプラインのノルドストリーム1と2の建設により、ヨーロッパはロシアのガス供給に戦略的に依存するようになった。即座に利用できる別の供給源はなかったため、ウラジーミル・プーチンが蛇口を閉めないまでも絞ると決めたとき、ガス価格は高騰し、ヨーロッパ全土でエネルギー危機が起きた。突然、最も効率的なエネルギーの源泉が、巨大な脆弱性の源泉へと変わってしまったようだった。

こうした出来事の数々は、グローバル化への熱意を削ぎ、「国家の強靭化」へと新たな着目を促した。まるで、家を所有するなら、想定外の危機や予期せぬ危機に備える保険が必要だ、とふと気づいたようなものだ。しかし、安全と安心の提供は代償をともなう。サプライチェーンは短縮し、「ニアショアリング」〔近隣国または近隣都市への業務の移転〕のプロセスは加速した。

企業はじっくりと時間をかけて投資先を選定せざるをえなくなり、労働者は今までほど自由に国境を行き来しなくなった。要するに、世界の供給状況が悪化した結果、一定水準の需要に対し、インフレ率がかつてよりも高まりやすくなった、ということだ。

これはストックとワトソンの「グレート・モデレーション」の逆の状態だ。2人の言葉をこう言い換えよう。「［インフレ率の］上昇の一部は、政治経済的混乱の増大という悪運のせいと思われる」

世界は50年ぶりに厳しいインフレを迎える

実際のところ、現在のインフレ率には、将来のインフレ率についての情報はほとんど含まれない。別の言い方をすれば、将来のインフレ率は、現在のインフレ率には含まれない数々の要因によって決まる、ということだ。

将来のインフレ率が現在のインフレ率に近いとすれば、中央銀行の政策が一定の役割を果たしたのかもしれない。しかし、同じように、現在から未来まで続く安定が、良識ではなく幸運のおかげである、という可能性も否定できないのだ。

そういうわけで、インフレの通り雨と長期的なインフレ圧力とをリアルタイムで見分けるのは至難の業といっていいだろう。中間目標の使用が(当然のごとく)放棄された今となっては、2年先、3年先のインフレ率の予測にかなりの当て推量が使われている。

過去の章で概説した理由から、予想は使い物にならない。しかし、そうかといって、テイラー・ルールや「前向き」のルールのように、政策決定をつかさどる標準的なルールもそれと五十歩百歩でしかない。

実用的なタイムマシンが存在しないことを踏まえると、よりまともなインフレリスクの評価方法は、次の4つの検証基準に集約されるだろう。

(1)インフレ圧力を高めるような制度変更はあったか? (2)インフレリスクの高まりを示すような過剰な通貨拡大の兆候はあるか? (3)「タイムマシン」や「外的ショック」などの議論を通じて、インフレリスクの高まりが矮小化されているという証拠はないか? (4)供給サイドの状況が悪化していないか?

この4つの基準のすべてにおいて、新型コロナパンデミックの最中やその後のインフレ率の高騰は、1970年代以降で最も気がかりな出来事といえる。今回のインフレ率の高騰を盛んに矮小化しようとする人々は、私から見ると、その脅威の本性を見誤っている気がしてならない。

第7章

インフレ14カ条と次のステップ

14カ条の教訓。バートンとテイラーの関係性の再来。高インフレ期の中央銀行の独立性。「集団思考」と戦う。「一点張り」は避けよう。インフレの不確実性から身を守るには。バーンズとボルカー。

歴史に基づくインフレ14カ条

本書ではこれまで、インフレの旅を続けてきた。歴史的証拠、数々の（ピンキリの）インフレ理論、さまざまな（これまたピンキリの）インフレ抑制の方法、そして何より、大量の政治経済学を巡る航海も、いよいよ大詰めだ。

インフレが中立的で、取るに足らず、ほとんど心配に及ばない現象であるという考えは、ナンセンスとしか言いようがない。そしてそれと同じくらいおかしいのが、インフレを永久に退治できるという考えだ。インフレは、私たちの心の奥底に引っ込んだように見えても、最も手の届きにくい組織の記憶の片隅に追いやられたように見えても、常によみがえろうと息を潜めている。まるで、ハリウッド映画『ターミネーター』の経済版だ。「アイル・ビー・バック」を共通の合言葉にして。

最終章は前後半の2つのパートに分かれている。前半では、これまでの章を凝縮した、理論だけでなくインフレ体験の歴史にも基づく14カ条の教訓を紹介しようと思う。後半では、さまざまなリスク、考えうる解決策、制度的な制約という観点から、インフレの未来について考察してみたいと思う。一言でいうと、私たちは持続的な物価安定が保証されない新時代に突入しつつあるのではないか、と私は感じている。

教訓 1

貨幣は重要である

もしかすると、これがいちばん重要な教訓かもしれない。ある意味、これは循環論ともいえる。インフレは物価と賃金が持続的に上昇するプロセスとも見なせるし、あるいは、貨幣価値が持続的に下落するプロセスともみなせるからだ。

しかし、歴史的証拠を見るに、因果関係の向きは（厳密ではないとはいえ）「物価→貨幣」ではなく、「貨幣→物価」の方向であることが強くうかがえる。マネタリーターゲティング〔貨幣供給量の伸び率を一定範囲に収めようとする政策〕の実験は失敗したとはいえ（貨幣と物価の厳密な関係について過大な主張をしたことがその一因だ）、**政策立案者たちは貨幣供給量の伸びが異常に加速する時期があることを絶対に知っておくべきだ。**

パンデミックの最中やその後に彼らが見落としていたのはその点だ。もちろん、「非貨幣的」な理由でインフレ率が高騰する場合もあるが、その後も持続するかどうかは、結局のところ貨幣的な要因によって決まる。

金融政策が物価上昇を「許容」すれば、インフレが持続する可能性は高くなる。1970年代中盤のイギリスが西ドイツよりもずっとひどいインフレを記録した1つの理由がそこにある。

教訓2

人々の態度は中央銀行の政策と同じくらい重要である

純粋なマネタリストは、貨幣の「流通速度」が安定しているか、少なくとも予測可能である、と信じている。しかし、歴史はその逆を示している。1つに、歴史はお金《かね》に対する人々の「信用」が重要であることを物語っているからだ。銀貨を悪鋳した古代ローマ人。新奇なアッシニア紙幣を導入したフランスの革命家。インフレの脅威を無視し、自分たちのインフレ抑制能力にうぬぼれる中央銀行家。**人々の信用を失う政策立案者たちは、貨幣供給量そのものが当初は猛烈なペースで増加していなくても、計り知れないインフレの被害を引き起こしかねない**のだ。

教訓3
インフレが永久に抑制されたと信じる人は、歴史を無視している

経済モデルは、限定的なデータ標本に基づき、近年の歴史に「適合」するよう構築されるのが普通だ。モデルのベースとなるのが物価安定の歴史だとしたら、その経済モデルは逆の歴史的証拠を無視して、近年の安定性を未来へとそのまま投影してしまう可能性が高い。

しかし、このようなモデルの「過信」は、大きな誤りだ。事実、そうしたモデルは長期的に見ると不安定であり、政治や経済の混乱期には当てにならない、ということを歴史は教えてくれる。

30年間や40年間も物価安定が続けば、未来はパンデミック後も「そう変わらない」はずだと信じ込むのは無理もなかった。しかし、インフレは密かに忍び寄る敵だ。中央銀行家

の専門的能力がもたらす結果であるのと同じくらい、多くの政治経済的な現実が生み出す結果でもある。ときに、過去は未来の最良の道しるべになるが、それは政策立案者たちが目を向ける先をわかっていれば、の話なのだ。

一方、中央銀行の独立性は、持続的な物価安定の絶対的な保証になるわけではない。そうなると思い込んでいる人は、いちど歴史を再検証してみるといいだろう。

教訓4 政府があえてインフレという手段に訴えることもある

インフレは、債権者(貸し手)が罰を受ける一方、債務者(借り手)が得をするメカニズムだ。どの経済でも、**最大の債権者の1つは普通政府であり、インフレは袋小路のような財政状況から抜け出す「魔法」の手段になりうる。**人々が「財政の帳尻を合わせる」ための増税や支出削減を拒んでいる場合に、似たような結果を労せず実現できるのがインフレなのだ。

言い換えれば、金融政策だけではインフレを抑制するのは容易ではなく、なんらかの財政政策で金融政策を支えてやる必要がある。この「バートンとテイラー」の関係性を無視するのは、災いを招くだけだ。

教訓5

デフレリスクに対処するための制度改革は、意図せずインフレ圧力を高めてしまう恐れがある

未来が非常に不確かだとしたら、デフレ（物価が下落して実質債務が増加する世界）を「唯一」の脅威とみなすのは、ほとんど意味をなさない。しかし、世界金融危機から新型コロナパンデミックまでの年月で起きたのは、まさしくそのとおりのことだ。量的緩和などの緊急金融対策は、政策決定分野の定番の特徴となり、たとえば将来的なインフレ率上昇の「早期警戒サイン」を発する国債市場の役割を弱めてしまったように見える。

この問題がいっそう悪化したのがユーロ圏だ。欧州中央銀行は、インフレよりも、最終的なユーロ解体のリスクのほうを心配せざるをえなくなった。その結果、金融政策と財政政策（今や金融政策主導の「準」財政政策に成り下がりつつある）の境界はますますぼやけていっている。

教訓6

民主的に選出された政府は、インフレの誘惑に逆らえない

現代貨幣理論（MMT）の数ある欠陥のうち、最も際立っているのは、民主的に選出された政府ならきっと責任をもって貨幣価値の面倒を見てくれるだろう、という前提だ。中央銀行が運営上の独立性を持つメリットとは、周期的な選挙や、極端な例でいうと財政の逼迫がもたらす「誘惑」に負けづらい、という点にある。

そうした誘惑の1つが印刷機の使用だ。貨幣の印刷は増税や支出削減に代わる手段になるからだ。特に、政策立案者たちがインフレを「制御不能な要因」のせいにしたがることを踏まえると、印刷機は短期的に人々の貯蓄を奪い取る密かな手段だといっていい。結局のところ、「バートンとテイラー」の関係性から逃れるすべはないのだ。

教訓7

ひとたび根を下ろすと、インフレはこのうえなく不公平で非民主的なプロセスになる

簡単にいうと、インフレは勝ち組と負け組の両方を気まぐれに生み出す。少なくともし

ばらくは、経済が集計上は好調に見えたとしても、インフレは社会を深くむしばみ、やがて社会に不信の種を蒔く。一方で、持続的なインフレとうまく共存できた民主主義国は、仮にあるとしてもほとんどない。いずれ、人々が変化を求めるからだ。

だが、インフレが長引けば長引くほど、最終的な政策の修正は激痛をともないやすくなる。不公平性は、物価上昇から賃上げまでのタイムラグにだけ存在するわけではない。賃金による埋め合わせを受けられる人がいる一方で、名目所得が固定されている人や、少しずつしか上がらない人もいるだろう。金融の知識がある人は、そうでない人と比べ、手持ちの資産を守りやすい（または増やしやすい）立場にある、といえるかもしれない。借金のある人々は得をするが、主に現金の預金しか持たない人々（貧しい年金受給者など）は苦しむ恐れがある。「物価スライド制」の恩恵を受けられるのは一部の人々だけで、残りの人々は何の保護も得られないだろう。

教訓
8

価格ショックから人々の所得や富を守ることは政治的に必要かもしれないが、それでインフレの問題が解決することはまずない

持続的なインフレの根本原因が必要以上に緩和的な金融情勢だとしたら、どれだけ補助金をつぎ込んだところで問題は解決しない。賢明な政府なら、インフレにより生まれる勝ち組と負け組を予測し、負け組の人々に一定の埋め合わせを与えられるかもしれないが、こうしたプロセスはたぶん政治的に声高な集団に「のっとられる」だけだろう。

したがって、我先にと列の先頭に割り込んでいけるような人々を支援するよりも、インフレの根本原因に対処するほうがはるかにましだろう。同じことが賃金物価統制についてもいえる。賃金物価統制は、インフレに対抗する金融の枠組みを補強するのには役立つかもしれないが、代案の1つとしてとらえるべきではない。

教訓9

ハイパーインフレのほうが、皮肉にも、「緩やかな」インフレより抑制しやすい場合もある

ハイパーインフレの特徴は、長期的に得をする人がほとんどいない、という点だ。圧倒的大多数の人々が対策を求めるので、やがては制度改革が必然のものになるだろう（あいだに1つや2つの革命を挟むことになるにせよ）。結局のところ、歴史は中央銀行の独立性と財政支配の解消が欠かせないことを物語っている。それは、お金《かね》の保有が将来にわたって信頼できるプロセスであり、巨額の金銭的損失を生んだりはしない、ということを保証するためだ。

対して、緩やかなインフレは、外的なショックや一過性の混乱などを言い訳にして「正当化」しやすい。その結果、緩やかなインフレは社会により深く根を下ろし、解消が難しくなる。インフレ解消の代償は短期的に見て大きすぎる、とみなされることが多いからだ。

教訓
10

「ルールに基づく」政策的枠組みは重要であり、人々は政策立案者たちが取りそうな対応を把握しておく必要がある

ルールは、経済が変化するにつれてどういう政策が取られる可能性が高いのかを予測するための枠組みをつくり出すものなので、非常に貴重だ。たとえば、経済成長が急激に加速したり、インフレ率が予期せず持続的に上昇したりした場合、中央銀行が短期金利の利上げに傾いた行動を取る（と認識されている）ほうが、全員にとって好都合だ。

逆に、政府がインフレを呼び寄せる財政刺激策の道を進むと決めた場合も、おそらくこれから本格的な金融政策が待っているだろう、と知っておくと役に立つ。[*1] 政策の見通しに関する人々の認識が変化すれば、金融市場は価格の改定を行い、本来なら金融当局が単独で担うはずの重労働をいわば部分的に肩代わりすることになるだろう。

教訓 11

金融政策が財政政策を支配するべきであり（その逆ではなく）、政府は借り入れをまかなうために「貨幣の印刷」に頼るべきではない

いわゆる「財政支配」は波瀾万丈な歴史を持つ。通貨の悪鋳とはつまるところ、王や女王が金貨や銀貨を保有する人々の負担で戦費を調達する手段にほかならない。一方、金本位制は金融支配の1つの形であり、政府が気ままに借り入れできないようにする歯止めとして働く。もちろん、戦費の調達を迫られれば話は別だが、平時は赤字財政の穴埋めのためにお金《かね》を刷る、という道を選べないようにしておくのが理想だ。図らずも、量的緩和は「裏口を通じた」財政支配の道を切り開いてしまったのかもしれない。

教訓 12

「経験則」は予想よりも重要である

一部の中央銀行家たちは、人々の予想にこだわるあまり、予想を経済的成功の唯一の尺度とみなしているが、絶対にそんなことはない。予想は、これまで見てきたとおり、通常

は遅行指標〔景気の動きに対して遅れて変化する指標。↕先行指標〕であり、インフレ率の変動に対してゆっくりとしか調整されない。

人々の行動を特徴づけるもっとよい方法があるとすれば、それはヒューリスティックス（つまり、経験則）によるものだ。経験則がどう形成されるのか、どう調整されるのかは、マクロ経済学の大きな謎の1つだが、だからといってきっぱりと無視するのは重大な誤りだ。結局、インフレ率が低く保たれるのか、最終的にずっと高くなるのか、中央銀行が人々の信用を維持できるのかを決めるのは、経験則だからだ。

教訓
13

政策立案者にとって、インフレの通り雨と長雨を区別するのはやさしくない

インフレの進展をリアルタイムで理解するのは難しい。通り雨で終わるものもあれば、はるかに悪化していくものもある。しかし、通り雨がすべて通り雨で終わると決め付けるのはよくない。中央銀行には、未来の出来事を知るためのタイムマシンなどないからだ。未来がわかると思い込んではいけないし、最初のインフレショックに見舞われたとき、自分たちの「信頼性」が長続きすると信じ込んでもいけない。

教訓
14

中央銀行は「4つの検証基準」を用いて、インフレが持続的な問題になる危険性が全体的に高いのかどうかを判断すべきである

実用的なタイムマシンが存在しないことを踏まえると、次の4つの検証基準に照らして考えるのが、よりまともなインフレリスクの評価方法といえるだろう。(1)インフレ圧力を高めるような制度変更はあったか?　(2)インフレリスクの高まりを示すような過剰な通貨拡大の兆候はあるか?　(3)「タイムマシン」や「外的ショック」などの議論を通じて、インフレリスクの高まりが矮小化されているという証拠はないか?　(4)供給サイドの状況が悪化していないか?

利上げと利下げを同時に要求されたイングランド中央銀行

この14カ条の教訓を踏まえて、次は未来がどうなるのかを考えてみよう。今後、パンデミックやエネルギー価格ショックが減っていくことを願うだけでは不十分だ。インフレの

主な原動力は、何度も強調してきたとおり、ランダムな出来事ではないからだ。元凶はむしろ、最大限のストレスにさらされたときに露呈する、私たちの考え方や制度の両方に潜む欠陥にこそあるのだ。その両方を改善していく必要がある。

中央銀行には複数の目的があり、その目的どうしが衝突する可能性もある、という話を思い出してほしい。金融政策と財政政策が手を携えていなければ、そうした衝突はずっと深刻なものになることもある。

2022年9月、イギリスの新たな首相と財務大臣が、1つの実験の断行を決める。まともな成長が見られないイギリス経済に業を煮やした2人は、既存の2%のインフレ目標と並び、2・5%の成長「目標」を発表した。わずか1%あまりという直近の平均年間成長率と比べるとかなり大胆な数字だ。

この成長目標の達成のため、リズ・トラス首相とクワシ・クワーテン財務大臣は、一連の減税策を発表する（その一部は、クワーテンの政策への政治的支持や金融市場の支持が急速にしぼんだことで、わずか数日後に撤回されたが）。トラス、クワーテン、その支持者たちから、イギリス経済の「供給サイド」の状況を改善するための政策と称された減税策は、怪しげなくらい昔ながらの「需要刺激」策そっくりに見えた。

この政策が採用されようとしていたのは、イギリス経済が過熱するインフレに苦しんでいる頃だった。その主な要因は、ロシアからヨーロッパへのガス供給が少なくとも一因となって発生したエネルギー価格の高騰にあった。クワーテンがイギリス大蔵省の最高幹部であるトム・スカラーを解任した直後、独立機関である予算責任局による通例の精査もないまま開始された減税策は、金融市場の大不評を買うことになる。

　減税が政府借り入れに及ぼす影響が不明瞭ななか、英国債利回りが急上昇し、年金基金内部で「流動性不足」や「追加担保の差し出し請求」が相次ぎ、そのことが英国債の売却、そして利回りの上昇にいっそうの拍車をかけた。財政リスクがいつの間にか金融リスクへと姿を変えていた。

　これらの出来事はイングランド銀行を厄介な立場に追いやった。一方では、同銀行のチーフエコノミストのヒュー・ピルは、財政刺激策が経済に及ぼす影響のせいで、本来より政策金利を引き上げざるをえなくなる公算が高い、と警告した。その一方で、英国債利回りの急激な上昇により、その翌日に、同銀行は英国債市場に介入し、650億ポンド分の国債を買い入れるはめになった。すべては、利回りを引き下げ、年金基金の「破滅の連鎖」を防ぐためだ。

　要するに、イングランド銀行は物価安定の確保のために金利を引き上げると同時に、財政の不安定化を防ぐために金利を引き下げる、という無理難題を課されているように見えた。

どうしてこんなことになったのか？ 特筆すべき要因は2つある。1つ目は、本書でさいさん登場するように、量的緩和の影響だ。政府は財政危機の際に量的緩和という隠し球をいつでも使えると知っている。量的緩和の存在は、政策決定の根幹に厄介なモラルハザードを生み出す。中央銀行による「救済」がいつでも受けられると知っている政府は、財政的なリスクの高い政策を選びがちになるのだ。デフレ危機の最中にはときおりメリットがあるとはいえ、今や量的緩和政策を断念できるようになったのは好都合だろう。こうして、財政支配が裏口から再び姿を現わすような形でバートンとテイラーの関係性が復活し、金融のさまざまな脆弱性が生まれてしまったのだ。[*2]

2つ目は、バートンとテイラーの問題の存在の完全否定だ。トラスの支持者たちはこの問題をきっぱりと無視し、ある著名なエコノミストに至っては、「金融政策の役割はインフレの抑制、財政政策の役割は経済の安定化だ」と主張した。[*3] しかし、繰り返しになるが、こうした政策手段の分離はうまくいかない。金融政策と財政政策の分離は、綱引き状態のような混乱を生み出すか、長期的に見れば財政支配につながり、独立した中央銀行がインフレ目標を満たす能力を弱めるからだ。

金融政策は財政政策よりも優先されなければならない

財政の番人に本来の仕事（つまり、経済の先行きに関するおおむね妥当な仮定の下で、財政政策が持続可能か否かを評価すること）をさせる以外に、バートンとテイラーの問題に対処する最善の方法とは、金融政策を財政政策よりも優先させることだ。そのためには、第一に、中央銀行が政府の長期的な借り入れ計画に変更をきたすような財政決定の金融的な影響について見解を述べ、それに基づいた行動をとるようにすること。第二に、中央銀行の使命を可能なかぎり物価安定のみに絞ることだ。[*4]

財政安定の責任はほかの場所で担い、財政当局が金融当局に最善の直感に背く行動や矛盾した行動を取らせる可能性を減らすべきだ。それにより、連携の問題が生じるかもしれないが（実際に世界金融危機の最中に起きたように）、中央銀行はいざというときに金づかいの荒い政府を救済するためだけに存在する、という認識を覆せる。したがって政治家は、リスクをともなう財政計画が金融や財政に及ぼす影響についてじっくりと考える必要があるだろう。

ただ、そうするのは決してやさしくない。欧州中央銀行（ＥＣＢ）の依頼により実施された調査で、ドイツのフランクフルトに拠点を置くその巨大銀行のイメージ調査が行われた。その結果、インフレ抑制は、人々が認識するECBの目的の第5位に入っただけだった。より広く認知されているECBの役割としては、財政安定、財政的な困難を抱える国々の支援、ユーロの安定化、金利水準の設定があった。その一方で、こうした集計値の裏側には、国ごとの大きな認識のちがいが隠れていた。「インフレ抑制」を挙げた回答者が特に多かったのは、フィンランド（78％）、ドイツ（75％）、オーストリア（74％）で、特に少なかったのはラトビア（23％）、マルタ（33％）、ギリシャ（40％）だった。[*5]

共通通貨圏には、少なくとも市民から見れば何通りもの優先事項がありうるようだ。財政の大混乱を招きかねないインフレショックの際に、市民がECBに期待する行動には、大きなばらつきがあるのかもしれない。決して、「ルールに基づいて」明文化できるような物事ではないのだ。

2022年を通して、ユーロ圏のインフレ率は涙が出るような高水準に達した。年末にかけて、消費者物価は2桁ペースで上昇していた。しかし、この平均値は国ごとにまちまちな体験を覆い隠すものだった。

たとえば、9月のフランスのインフレ率は、潤沢なエネルギー補助金のおかげでわずか

6・2%に抑えられていた。かたや、ドイツのインフレ率はなんと10・9%と、おそらく戦後最高を記録し、イタリアの9・5%を上回った。オランダのインフレ率は17%あまりにまで上昇し、バルト三国は20%をゆうに超えていた。その一方で、政策金利はきわめて低いままだった。

第3章で論じたとおり、インフレ率の上昇は、ガス価格の高騰とECBによる準財政政策、その両方の表われだった。積極的な金融引き締めによって金利差が広がるのを恐れたECBは、ユーロ存続を物価安定よりも重要な政策目標に据え、無秩序な市場の兆しを見せた国の国債を買い入れると約束した一方、物価圧力の上昇に対しては思い切った行動を取らなかった。

それはいわばギャンブルだった。ウクライナ戦争が終結し、その後エネルギー価格が下落すれば、ギャンブルは成功するだろう。逆に、エネルギー価格の上昇が続き、その他の物価や賃金が上昇すれば、ギャンブルは失敗に終わるだろう。

しかし、そうした失敗はとてつもないスケールになる可能性がある。今のところ、ユーロ危機の煽りを受けているのは主に、「脆弱」な共通通貨加盟国だ。つまり、巨額の経常収支赤字、借り入れコストの急激な上昇、デフォルトやユーロ離脱の不安を抱える国々だ。

しかし、未来は大きく様変わりするかもしれない。ドイツなどの北ヨーロッパ諸国でのインフレ率の急増は、ユーロの一体性を守るために支払うべき対価として、今のところ許容されている。しかし、そのためには、ドイツを始めとする北ヨーロッパ諸国が、戦後のどの時点でも完全にアウトとみなされていたような経済状況を受け入れることが必須条件となる。

思い出してほしい。1973年のオイルショックは、物価安定に対する各国の態度のちがいを反映して、ヨーロッパ諸国間で大きく様相の異なるインフレを生んだ。そうした態度のちがいが再び現われれば、ユーロ圏はやがて空中分解してしまうかもしれない。それも、南ヨーロッパ諸国の財政的なユーロ離脱を通じてではなく、北ヨーロッパ諸国による政治的なユーロ拒絶を通じて。それは、アメリカ南北戦争後のプロセスをちょうどひっくり返したものになるだろう。

ほとんどの中央銀行家たちは真価を問われたことがない

中央銀行が優先すべき目標に関して、みんなの意見が一致するとはかぎらないことを踏まえると、政治家たちは中央銀行に、たとえば1970年代と80年代のドイツ連邦銀行のようなインフレ退治の権限を与えるだけでは満足できない（というより、与えること自体できない）のかもしれない。

中央銀行の権限を制限する正当な理由の1つは、インフレとその最終的な解消の両方の公平性（または不公平性）に関して述べた過去の章から直接得られる。先進国の（そして、程度こそ劣るかもしれないが、新興国の）中央銀行の大半は、この数十年間、比較的気楽な旅を続けてきた。多くの中央銀行は、インフレ率がすでに低くなってから独立性を与えられ、インフレ率がおおむね安定しているあいだに、金融政策を実施した。

言い換えるなら、ほとんどの中央銀行家たちは、許容しがたいほど高いインフレ率を押し下げることが急務であり、なおかつそうした行動がおそらく巨大な政治的影響を及ぼすような厳しい状況で、真価を問われた経験がないのだ。

確かに、金融当局や財政当局の信用を高めるような制度改革が用意されている場合には、インフレ率を引き下げるのが容易になるだろう。しかし、そうした大がかりな改革は、たいてい一度きりのものだ。たとえば、中央銀行に独立性を与えられるのは一度きりだし、その後、中央銀行が物価安定に失敗すれば、より厳しい政治的精査を受けるようになるのは目に見えている。

実際、多くの中央銀行家たちが、パンデミック中やウクライナ戦争勃発後の高インフレは一時的なものであり、したがって中央銀行の政策とは無関係だ、と強弁したがる1つの理由はそこにあった。言うなれば、誤りを認めることへの恐れだ。誤りを認めれば、議会で厳しい追及を食らうかもしれない。となれば、インフレが自然と収まるのを期待して待つ、というのがそれに代わる策の1つだった。

ところが、インフレ率はむしろ上昇していった。気づけば、中央銀行は矢面に立たされ、政治家だけでなく、ときには一般大衆からも集中砲火を浴びていた。

1999年11月以降、イングランド銀行は四半期ごとに、インフレに対する国民の意識調査を委託してきた。そのなかに、こんな質問がある。「あなたは全般的に、インフレ抑制を目的に金利を設定するイングランド銀行の仕事ぶりに、どれくらい満足または不満足ですか？」[*6]。当初、人々はイングランド銀行の仕事ぶりについて驚くほど肯定的で、満足の割合が不満足の割合を60％ポイント以上上回ることもあった。その後、世界金融危機の最中や直後を始めとして、満足の割合が下落することもあったが、不満足の割合のほうが上回ることはなかった。

そのすべてが変わったのが2022年だ。いわゆる「生活費危機」の発生により、人々はイングランド銀行のインフレファイターとしての能力にますます信頼を失っていった。本書の執筆時点では、不満足の割合が満足の割合を7％ポイント上回っている〔訳出時点の2023年8月には21％ポイントに悪化〕。

1980年代にインフレを退治した4つの状況

独立した中央銀行が高インフレの世界で直面する難問について考える1つの方法がある。インフレ退治がまったく保証されていなかった1980年代初頭の状況を考えればいい。考察に値するのは、(i)ドイツ連邦銀行、(ii)Fed、(iii)フランス銀行、(iv)イングランド銀行、の4つの例だ。

状況1――ドイツ連邦銀行――国民の信頼の見本

ドイツ連邦銀行にとって、当時は比較的気楽な時代だった。金融機関として、60年前のハイパーインフレの記憶を残すドイツ国民の圧倒的な支持を得ていたからだ。ほとんどのドイツ国民の目から見れば、中央銀行はコロコロと入れ替わる平均的な政治家よりもよっぽど信用できる存在であり、歴代政府はそんな中央銀行を敵に回すほど愚かではなかった。

状況2――Fed――ボルカーの一世一代の賭け

Fedの状況はもう少し複雑だった。1970年にアーサー・F・バーンズが理事会議長となったＦｅｄには、１９７０年代の高インフレの責任の一端があった。しかし、ほとんどの時期、バーンズはアメリカの中央銀行たるＦｅｄに混乱の責任があるという考えを頑として受け付けなかった。[*7]

ポール・ボルカーは、１９７９年にカーター大統領から議長に指名されると、インフレ問題の解決を任されたが、そんな彼にとって追い風となる要因が２つあった。

（i）財政政策はその後、バートンとテイラーの関係性から見て「誤った方向」へと進んだが（大量の「トリクルダウン」的な財政刺激策）、ボルカーは「実質」金利を大きなプラスの領域へと上昇させることに成功した。これはパンデミック後の主要な中央銀行がどこも成し遂げられなかった結果だ。[*8]

（ii）第５章で指摘したとおり、高い「実質」金利と、それにともなう米ドルの高騰は、自国の金融政策をＦｅｄの金融政策と紐づけていた国々に、多大な経済的負担を負わせた。やがて、そうした国々がなんらかの債務危機に見舞われると、Ｆｅｄは事実上、アメリカが崩壊寸前の他国の経済からディスインフレ圧力を輸入できる状況を生み出した。

世界の準備通貨を掌握する立場にいれば、中央銀行家の人生はずっとラクになる、ということだ。

状況3 フランス銀行――ミッテランの成長実験の最中に独立性があったら

1980年代初頭にフランス銀行の独立性が存在していたとしても、ドイツ連邦銀行やFedほどの自由裁量を与えられていたとは考えづらい。というのも、当時は「ミッテランの実験」の真っ只中であり、大規模な国有化、社会福祉の拡充、富裕層への大幅増税を通じて、正統派の経済政策から脱却を図っているところだった。

こうした状況下でインフレを抑制するには、フランス銀行はボルカー式の利上げを行うよりほかになく、そうなれば間違いなくミッテランの実験の足を引っ張ったという非難を浴びていただろう。

実際には、フランス銀行には絶対に果たせなかった役割を果たしたのは市場だった。フランは欧州通貨制度の欧州為替相場メカニズムの範囲内で複数回の切り下げが行われ、独マルクに対して1980年のおよそ2・30フランから3年後にはおよそ3・07フランまで下落した。結局、インフレの過熱、失業率の絶え間ない上昇、為替レートの下落が相まって、ミッテランは方針転換を余儀なくされた。[*9]

状況4 イングランド銀行――独立した「サッチャリズム」機関になれたか？

イングランド銀行が最終的に1980年代初頭の持続的なインフレ率の低下につながった政策を単独で実行できたのかどうかについては、おおいに議論の余地がある。というのも、そうした政策は多大な犠牲をともない、広範囲の製造業の壊滅や失業者の倍増を招いたからだ。追い討ちをかけたのは、外国為替市場でポンドが爆上がりしたという事実だった。[*10]

マーガレット・サッチャーは、戦後で最も評価の二分するイギリスの政治家の1人だが、少なくともその政策に民主的な援護射撃があったのは事実だ。彼女が1983年と1987年に再選を果たしたことは、国内全体に彼女の用意した経済的な苦薬をのみ込む覚悟があったという証拠だ。一方、独立した中央銀行は、民主的に選ばれたわけではないので、同じような正当性を訴えるのは難しかったにちがいない。

こうした1980年代初頭の各国の多様な体験は、中央銀行の独立性の可否をめぐる議論が思いのほか単純ではない、ということを示している。中央銀行の独立性は金融政策を政治的なスケジュールの影響から守ることもあるが、過剰なインフレを解消することとの代償をともなうような、きわめて厄介な政策決定には、結局のところ一定の政治的なお墨付きが必要なのかもしれない。

ドイツの場合、そのお墨付きを与えたのは国民の伝承記憶であり、イギリスの場合は、選挙での連続した勝利と、国民の頭に残る1970年代のインフレの混乱の記憶だった。

要するに、**インフレの問題が大きくなればなるほど、その解決策はより政治的な色合いを帯びやすく、したがって一定の政治的介入の必要性が高まる**、ということだ。1980年代終盤からパンデミック直前までの世界では、中央銀行はおおむねこの問題と距離を置いてきた。インフレ率は低く、安定しており、中央銀行に向けられる批判の大部分は、もっぱら金融の安定という問題に集中していた。特に世界金融危機の頃などがそうだ。

しかし、パンデミック後の高インフレは、中央銀行家たちの人生をずっと複雑にした。政治家全員が「よりよい復興」を約束するなかで厳しい措置を取るのは決してやさしくなかったが、かといって厳しい措置を取らなければ、インフレ圧力の加速に弾みをつけてしまったかもしれない。こうした状況で政治的なスポットライトから逃れるのは、控えめに言っても難しい。

「意見の相違」がない委員会はまともに仕事をしていない

2022年末になると、インフレはすっかり広まっていて、もはや一過性の通り雨には見えなくなっていた。中央銀行にとって、これは大きな驚きだった。Fedは2021年12月になってようやく、「ワクチン接種の進展と供給制限の緩和は、継続的な経済活動や雇用の拡大、インフレ率の低下を後押しすると考えられる」と述べた。[*11]

その3カ月前、イギリスのインフレ率はすでに3・2%に達しており、イングランド銀行は翌年早々に4%超えもありうる、と警告していたが、それでも同銀行の見立てはのんきなものだった。「現在のコスト圧力の上昇は一過性のものだろう。実際、コモディティなどの世界市場で材料供給に反応があり、将来的な仕入れ価格や輸入コストが押し下げられると期待する有力な根拠があった」

公正を期すために言っておくと、同銀行は「現在のインフレ圧力の上昇が消費者物価になんらかの二次的影響を及ぼす可能性もなくはない」とつけ加えたが、それでも「イギリス国内のインフレ予想は安定している」と結論づけた。[*12]

この2つのエピソードに関して目を惹くのは、両中央銀行が持続的なインフレの脅威をおおむね否定する声明を出したことではなく、むしろ意見の相違がほとんど見られなかった、という点だ。米連邦公開市場委員会は全会一致で12月の声明を支持したし、イングランド銀行の金融政策委員会（ＭＰＣ）もほぼ全会一致で9月の声明に同意した。[*13]

貨幣供給量の伸びや経済全般へのインフレの広がり、労働市場の動きや、少しずつではあるがインフレ予想にすでに起きていた出来事を考えれば、この意見の一致の度合いは驚きとしかいいようがなかった。まるで、どちらの委員会も自身のプロパガンダに心酔し、自分たちの政策はいつでも信用されるはずだと信じ込んでいるかのようだった。

しかし、常に意見が一致していたわけではない。１９８０年代のポール・ボルカー議長時代や、ボルカーの後任であるアラン・グリーンスパンの初期の時代は、連邦公開市場委員会で意見の相違は珍しくなく、まったく正反対の意見が飛び交うこともあった。大幅な利上げを主張する者もいれば、小幅な利上げ、さらには利下げを支持する者もいる、といった具合だ。[*14]

金融政策委員会でも同じような意見の相違が見られた。２００８年、世界金融危機の年には、ある委員が利下げに投票し、別の委員が利上げを支持した。あとから見れば、一方の選択肢のほうが未来を見通していたように見えたとしても、双方にそれなりの言い分があったのだ。[*15]

しかし、最大の結論は、不確実性は意見の相違にこそ鮮明に表われる、ということだ。ときには、集められた情報が未来に関して何を意味するのかがあいまいなケースもある。そのあいまいさは本来、委員会の意思決定プロセスに見られる意見の相違の量となって表われるのが筋だ。

言い方を変えるなら、**意見の相違がないということは、委員会がまともに仕事をしていないという証なのだ。**経済が大きなショックにさらされている時期であればなおさらそうだろう。

ところが、ボルカーの時代と、アラン・グリーンスパンの初期の時代以降、そうした意見の相違はゆっくりと視界から消えていき、それぞれの金融委員会はやがて、「集団思考」の症状を呈し始める。

集団思考は、委員会の構成に重大な疑義を投げかける。たとえば、イングランド銀行の4人の副総裁が全員大蔵省出身だというのは理にかなっているだろうか？　金融政策委員会の4人の外部委員が、大蔵省の完全に取り仕切る面接プロセスを通じて任命され、なおかつ金融政策委員会の同じ元「外部委員」が2011年以降毎回、選抜委員に名を連ねているのは適切だろうか？　副総裁の1人が大蔵省でのかつての役割の下で外部委員の任用プロセスを取り仕切ってきたのは正しいのか？　独立した意見を述べるために任用されたはずの外部委員が、のちのち副総裁に任命されるのは？　そうした人事は、ほかの外部委員たちが組織の「通説」に疑問を呈する妨げにはならないだろうか？

それから、委員長職という悩ましい問題もある。委員長は意見の相違を進んで容認するだろうか？　たとえば、ナルシシスティックな性格の委員長は、イエスマン（ウーマン）ばかりに囲まれているあいだは上機嫌かもしれないが、誰かに反論されればコロッと不機嫌になり、怒りを爆発させたり、冷たい態度を取ったりするかもしれない。そういう委員長の下では、誰もがおとなしく周囲の決定に従うようになるだろう。ほとんどの人は、常に誰かと対立しているよりは、ラクな道を選ぼうとするものだ。

一方、意見の相違がなくならないかぎり「機能」しない政策もある。たとえば、金融委員会による最善の経済的評価に基づき、将来の政策金利の方針を表明する「フォワードガイダンス」は、未来のおおまかな見通しについて大筋で合意がないかぎり、信用を得られないだろう。

確かに、まれにそうした全会一致が必要な場面もある。特に、中央銀行が将来のインフレ予想を引き上げ、現行の「実質」金利をゼロ金利制約のあたりまで引き下げるために、「無責任になることを約束する」〔クルーグマンの発した言葉で、中央銀行が将来のインフレに対して無責任になることを確約すれば、人々の物価上昇期待が生まれる、という意味〕場合などがそうだ。

しかし、これは一般法則というよりは例外とみなされるべきだ。こうした全会一致の場面が常態化すれば、信用できるはずの機関が間抜けなほど信用できない機関へと変わってしまうのだ。[*16]

もちろん、意見の相違を委員会の職務要件の1つにするわけにはいかない。全会一致が完全に望ましい場面もあるからだ。それでも、政策に対する投票結果のばらつきに表われる意見の相違は、経済や金融の不確実性が高い世界のなかで、委員会の活動が健全に機能していることを示す貴重なサインとみなすべきだろう。逆に、ずっと意見の相違がない状態は、機能不全の兆候とみなしていい。よって、中央銀行が説明責任を負う相手、つまり議会の委員会やメディアは、そうした意見の相違をむしろよいこととして歓迎するべきなのだ。自己満足な全会一致ではなく、適切な金融政策をめぐる建設的な議論が行われていることを示す可能性が高いからだ。

言い換えれば、中央銀行の独立性自体は政策成功のたいした保証にはならない。意思決定を担う委員会のダイナミクスもまた重要だ。そうしたダイナミクスに注意を払わなければ、経済や政治の全般的な状況がどうあれ、お粗末な政策決定へとつながる可能性はなくならないのだ。

「一点張りの金融政策」が極端な結果に終わった3つの事例

金融政策は金融に影響を及ぼす。そして、一点張りの金融政策は、金融に極端な影響を及ぼす。パッと頭に思い浮かぶ例は3つある。

(i)ドットコム・バブル。アラン・グリーンスパンが、1990年代終盤の「高成長、低インフレ」という新しいパラダイムの誕生を一時的とはいえ信じたことで勢いづいた資産価格バブルだったが、結局ははじけ、緩やかな景気後退と、その後の生産性の伸びの停滞を招いた。

(ii)世界金融危機前の「利回り追求」。この期間、世界的な過剰貯蓄を一因とする長期金利の下落が、サブプライム・ブームを後押しした。

(iii)日本の1980年代終盤の資産価格の高騰。原油安、円高、持続的な低インフレのいわゆる「トリプルメリット」が追い風となった。

3つの事例とも、政策金利が恒久的に低くなるという期待は、最終的にインフレの再来によって打ち砕かれることになる。政策金利が強制的に引き上げられ、成長率予測が強制的に引き下げられると、資産価格が暴落した。日経平均株価、NASDAQ、アメリカ住宅市場を高騰へと導いた一点張りが、一気に瓦解《がかい》したのだ。

楽観論が消え、流動性の波が引くと、金融の弱点が露出した。日本では、銀行が株式持ち合いや不動産リスクに対して残酷なほど脆くなり、アメリカのサブプライム危機は、金融システム全体を麻痺させる「オフバランス」取引の存在を明らかにした。

パンデミック後のインフレ率の上昇は、それをはるかに上回る規模だった。いずれは、大々的な金融引き締めが必要になるかもしれない。しかし、そうした引き締めは、多大な金融安定リスクをともなうだろう。

世界金融危機以降の期間はすべて、間違いなく名目金利への「一点張り」の最たる例にふさわしい。結局、私たちはインフレではなくディスインフレやデフレの世界にいるのだから、金利はずっと最低水準を保つはず。そんな見方を強めたのが、持続的な量的緩和と、世界金融危機以降の自己資本比率の強化のために「安全」な国債の保有割合を増やすよう銀行等に義務づける規制だった。

本書の執筆時点で、こうした「一点張り」の多くが成立しなくなりつつある。2022年9月、英国債利回りの上昇にともなって出された追加担保の差し出し請求が投げ売りの増加を呼ぶと、イギリスの年金基金の弱点が露呈した。

パンデミックの最中やその後、金利が上昇しないという認識に支えられ、世界じゅうの住宅市場が高騰したが、国債利回りの上昇にともない、住宅市場の大規模な調整リスクが悪化した。

暗号通貨は、おそらく持続的な低金利の恩恵を得た最もわかりやすい投機的な受益者だが、突如としてひどく危うい立場に追いやられた。

一方、(増加する困窮した経済部門を救済しなければならない立場にいるため)政治的な都合から放漫財政を制御することができない政府は、やがて急激な通貨の調整とともに、国債利回りのさらなる上昇を引き起こすかもしれない。

その危険性は明白だ。過去と比べて財政状況がはるかに悪く(政府債務の劇的な増加により)、インフレの脅威がずっと高まっているのに、過去と同じ一点張りを続けていれば、経済や金融の大惨事のリスクは間違いなく高まる。金融政策を引き締めざるをえなくなれば、財政政策ではどうにもならない状況において、財政主導による救済の必要性が増すかもしれない。

その1つの対処法は、理想とは程遠いものの、単純にインフレと戦うのをやめ、インフレの存在の責任を、どの1つの国もさしたる影響を及ぼせない予測不能な外的ショックや脱グローバル化傾向に負わせる、というものだ。しかし、国際決済銀行はこう鋭く指摘している。

高インフレは、［政府］債務の対GDP比率の上昇を抑えるのに役立ったが、予期せぬインフレは、財政当局や金融当局が中期的な公的債務を抑制するために頼ることのできる（または頼るべき）メカニズムとはいえない。（中略）問題を複雑にするのが、中央銀行の保有する巨額の国債だ。（中略）事実上、それは長期の固定利付債を翌日物金利の債券へと変えてしまうのだ。（中略）こうした全体像は、正常化の過程における財政政策と金融政策のあいだの緊張関係を浮き彫りにする。中央銀行にとっては、必要以上に緩和的なスタンスを維持しなければならないという圧力が高まる恐れがあるだろう。[*17]

インフレは死んでなどいない。インフレは、残りの選択肢はもっとひどいと感じている政策立案者たちに（悪い意味で）逃げ道を与えることもあるのだ。

インフレへの不信が芽生えると、貴金属の需要が上がる

本書はインフレの原因と影響について解説した本であって、資産配分に関するアドバイスを提供する本ではない。その手の本は世の中に山ほどあるが、そのほとんどがかなり明

白な問題を抱えている。これから慢性的なインフレが始まろうとしているのか、それともインフレ解消に本腰が入れられようとしているのかを判断するのは、控えめに言っても難しいのだ。

しかし、あとから見れば、インフレに関する判断が資産配分の最も重要な要因の1つであることは明白だ。アーサー・バーンズがFRB議長の座を引き継いだ1970年時点でも、インフレ率は5・6％と高水準だったが、彼が辞任する時点では、いっそう上昇し、しかもその勢いを増していた。

諸々のリスクを踏まえれば、1970年は株式投資に適した年とはいえなかっただろう。翌8年間のうちの4年間で、株式の実質利益率はマイナスに転落し、それどころか8年間のトータルで見てもマイナスだった。

バーンズの在任期間全体で見ると、株式と国債への投資家たちは、実質ベースでおおむね等しい損失を出した。社債や不動産はわずかなプラスを死守したものの、概して、金融市場はこの期間に大きな傷を負った。

対照的に、1979年は株式投資には打ってつけの年だった。当初インフレ率が急落したボルカー時代、平均的な株式投資家の資金は実質ベースで倍増した。債券利回りも素晴らしく、ボルカーの8年間の在任中、国債の実質利益率は60％、社債に至っては94％におよんだ。

しかし、ある「資産」だけは別だった。金価格は、1970年から1978年までで5倍以上になったが、1979年から1987年までに30％しか上昇しなかったのだ。

実際には、1979年から1987年は2つの時期に分かれた。投資家たちがボルカーの決意に疑問を抱いていた1979年から1980年まではいっそう大幅な値上がりが起きたが、その後は持続的な値下がりが続いたのだ。

要するに、**インフレに対する不信が芽生えると貴金属の需要が大幅に高まり、信用が戻ると同じくらい大幅な需要の低下が起こりうる**、ということだ。[*18]

インフレ下で資産を守るための6つの格言

しかし、バーンズとボルカーの体験が物語っているのは、**投資家はインフレの政治経済的な側面に対して細心の注意を払わなければならない**、という点だ。インフレは、一連の厳しい財政政策よりも政治的に望ましいのか？　当局はインフレの脅威を認識しているのか、それとも都合よく隠蔽しているのか？　財政支配は中央銀行の独立性を脅かすか？　財政安定リスクが大きすぎて、インフレにうまく対処できない可能性は？　政策が招いた景気後退は、インフレを解消するのか、それとも早すぎる金融緩和につながり、次の景気循環に向けてインフレ率の上昇を招くだろうか？

答えを持たない投資家たちは、不確実性に加え、潜在的に巨大な変動性《ボラティリティ》に対処する、という厄介な問題に直面する。なんといっても、金融機関の不確実性が高い期間には、人々の信念が年ごとに目まぐるしく変わることがある。1970年代に起きたように、ある年には利益の出る賭けが翌年には損失を生む賭けに変わってしまうこともある。こうした厄介な状況では、分散こそが唯一のまともな選択肢といっていい。

低インフレの時代は、分散の機会を大きく減らした。ほとんどの国々の物価圧力が同じように限定的で、国債市場が同じように安定しているなら、仮に分散の機会自体は存在したとしても、分散のメリットはさほど大きくない。

しかし、インフレの再来と、それにともなう金融の不安定化のリスクが、すべての潮目を変えたのは間違いない。いくつかのシンプルな格言を覚えておくといいだろう。

インフレ下での資産防衛における6つの格言

格言1　1つの国または通貨圏に投資しないこと。インフレ抑制能力に乏しい国や通貨圏をうっかり選び、通貨変動リスクを高めてしまう恐れがある。[*19]

格言2　多くの投資家たちのように、株式はインフレに強い、と思い込まないこと。実際、1970年代のインフレではちがった。

格言3　今後インフレが無期限に続くという歴史の転換点に直面している可能性に備え、一定量の金を保有しておくこと。

格言4　現金や銀行預金の利益率はマイナスなので、過度の警戒はジリ貧になるだけ、と肝に銘じること。

格言5　実質利回りがマイナスの場合、資金を借り入れて不動産を購入し、次なるフーゴー・シュティンネスになるチャンスがないか、じっくりと考えること（そこまでの幸運に恵まれる人は一握りだろうが）。

格言6　番外編。アメリカ南北戦争後の証拠を逆用し、ユーロの未来に対して長期的な賭けをしてみるのもいいだろう。ユーロ圏の中心部でインフレを発端とする政治的混乱の兆しが見えれば、北ヨーロッパの債券市場が高利回りの「準通貨」へと大化けするだろう。

「インフレの英雄」による教訓が忘れられている

アーサー・バーンズとポール・ボルカーはいずれも、FRBを去った直後にペール・ヤコブソン記念講演を行った。[*20] 歴史はバーンズをインフレ退治に失敗した男と評価しているが、一方のボルカーはインフレを制圧した英雄扱いされている。

一見すると、これは不公平な結論だ。バーンズ議長時代のアメリカのインフレ率は平均年間6・5%だったのに対し、ボルカー議長時代は5・4%であり、どんぐりの背比べだったからだ。

しかし、バーンズがFRBを去ったとき、インフレ率は6・8%で、しかも急上昇していたのに対し、ボルカーが去った時点ではわずか4・3%で、その前にはもっと低い時期もあった、という点を見過ごすわけにはいかない。

バーンズは1979年のスピーチで、中央銀行家たちにインフレを退治する機会があるのかどうかについて強い疑念を示した。当時、インフレ率は吐き気がするほどの高水準を保っていた。そこで彼は、いくつかの重要な疑問を呈した。

なぜ世界的なインフレ病はこれほど手強いのか？　なぜインフレは、その終息に挑む国々のさまざまな努力、それも断固たる努力にも負けないのか？　そして特に、なぜインフレとの戦いを生業とする中央銀行家たちは、この世界的な問題の解決にこれほど苦労を重ねてきたのだろうか？

バーンズは3つ目の疑問を掘り下げ、こう述べた。

気質的にではないにせよ、職業柄、中央銀行家たちは物価安定に大きな重点を置く傾向にある。彼らのインフレ嫌いは、ほかの同業者たちや、似た考えを持つ民間金融界の人々との交流を通じて、絶えず強化されていく。このように、中央銀行家たちはインフレへの反感と、インフレ退治に使える強力な武器を共有しているにもかかわらず、近年その目的をまったく果たしてこられなかった。この矛盾の根底には、中央銀行の抱える苦悩がある。

バーンズはアメリカ経済のインフレ傾向を説明するにあたり、レーガン主義の原型ともいえる見方に立った。政府が大きすぎる。絶え間ない経済進歩への期待が大きすぎる。社会保障プログラムが手厚すぎる、などなど。「こうした世界の哲学的・政治的潮流が必然的に［中央銀行の］態度や行動に影響を及ぼした」というのが彼の見方だった。Ｆｅｄに関しては、こう述べた。

Ｆｅｄは15年前のインフレの初期段階やその後のどの段階でもインフレを止める力を持っていたし、今でも持っている。（中略）しかし、そうしなかったのは、Ｆｅｄ自身が、アメリカの生活や文化を一変させつつある哲学的・政治的潮流に飲み込まれてしまったからだ。

要するに、大きなプラスの実質金利のような、口に苦い金融の良薬を処方する気がなかった、ということだ。もしＦｅｄがそうしていたら、

経済があっという間に厳しい困難に見舞われていた可能性もある。（中略）このような政治的現実に直面してもなお、Ｆｅｄがときどき金融のブレーキを強く踏むことはあった。（中略）しかし、その緊縮的なスタンスは、インフレが終結するほど長く維持されることはなかった。

次に、1990年へと時間を早送りしてみよう。ポール・ボルカーは大きな認識の変化について考察した。

私が興味を持っているのはこんな疑問だ。中央銀行の地位がほんの10年前やそこらよりも高くなったのはなぜか？　実際のところ、中央銀行は今までよりも金融の命運をどれくらい効果的に制御できるようになったのか？　そして、そのことが持続的な成長や安定性にとって持つ意味合いは？

ボルカーの説明はシンプルだった。インフレがますます手強い敵だとわかるにつれ、経済生活のほかの側面（「成長、雇用、生産性」）も徐々に悪化していった。「そうした状況では、インフレとは結局のところ貨幣的現象にすぎない、というマネタリストの口癖が、ますます国民の胸に響くようになったのだ」。つまり、経済的な現実が変わるにつれ、政治的な可能性も変化し始めた、ということだ。

公正を期すために言っておくと、中央銀行が処方した薬は、決してのみやすいものではなかった。「国々が次々と景気後退や長期的な停滞に見舞われた。しかし、最終的には、インフレは退《ひ》いていった。そして、景気拡大が始まった」

スピーチ後半で、ボルカーはインフレ抑制全般についての考えを述べた。「『物価安定に関する』最善の結果は、人々がまだ十分な警戒心を抱いていない初期段階でインフレの脅威に対処した場合にこそ実現する。先延ばしはさらなる困難を招くだけだ」

さらに、「金融当局が経済成長に対しても、完全雇用に対しても、物価安定に対しても八方美人に振る舞うべきだ、という薄っぺらな忠告は、中央銀行の真の役割についての混乱と誤解を生む恐れがある」。

また、「過剰な通貨拡大により無分別な貸し付けを正当化する試みは、短期的には成功しているように見えても、たちまちさらなる過剰を生むことは間違いない」。

誰よりもインフレ退治に貢献した男、ボルカーは、２０１９年に92歳で亡くなった。今、彼がキャリアを通じて学んだ教訓の多くが、忘れ去られようとしている。事実、パンデミック後のインフレが初期段階で対処されることはなかった。

当然ながら、人々は警戒を強めた。政治家からのプレッシャーを受け、中央銀行は「八方美人に振る舞おうと」した。そして、私たちは金融の不安定性を恐れるあまり、インフレの危険性を忘れ始めた。

バーンズは本来の役割こそ果たせなかったかもしれないが、インフレの進化がおおむね政治的なプロセスであることは理解していた。独立性があろうとなかろうと、中央銀行は単独では機能できない。ときには、中央銀行が金融のブレーキを踏むこともあるだろう。

しかし、今まで以上に試されるのは、政治家たちが「よりよい復興」、趨勢成長率の上昇、共通通貨の一体性の保全を約束する世界でそれを行うだけの意志力だろう。私たちがまだボルカーの率いる世界で暮らしていると信じたい人々は、アーサー・バーンズの率いる混沌とした世界に後戻りする心の準備をしておくべきなのかもしれない。

謝辞

本書の一部の内容は、本書の執筆そのものを始める数カ月前にひらめいたものだ。当時の私はすでに、深刻化の一途をたどるインフレの脅威のさまざまな側面について、HSBCリサーチ向けの論文数本と、『イブニング・スタンダード』紙向けのコラムを書き上げたところだった。しかし、読んで役に立つインフレ本の構想を練っていたとき、そういう本には必ず、詳しい歴史的エピソードや、少なくとも今日の多くの人たちが知らない話題が含まれている、ということにふと気づいたのだ。それに、インフレの退治、少なくとも予防を生業とする人々からの洞察も盛り込んでみたいと思った。

そういうわけで、本書の原稿全体を読み、貴重な感想を寄せてくれた政策立案分野の「第一人者」の方々には、大変感謝している。イギリスの経済政策立案の中枢にいた経験を持つマーヴィン・キング（より正式な肩書きは「ロスベリーのキング男爵、KG、GBE」）、テリー・バーンズ（同じく「ピットシャンガーのバーンズ卿、GCB」）、アラン・バッド（同じく「サー・アラン・バッド、GBE」）の3人には、大変ためになる指導や助言をいただいた。2023年1月にアラン逝去の一報を受け取ったときは、胸が張り裂けそうだった。彼はいつでも大きな文えになってくれた。そんな彼の機知、熱意、寛大さを思い出すと、心にぽっかりと穴の開いた気分だ。

ＨＳＢＣの同僚たちも、隅々まで原稿に目を通してくれた。そればかりか、ＨＳＢＣのグローバルチーフエコノミストのジャネット・ヘンリーは、２０２１年にＨＳＢＣの記事「インフレの創造――〝見過ごす〟か〝戻ってきた〟か（The creation of inflation: "look through" versus "it's coming back"）」を共同執筆してくれた。ほかにも、賢明な助言をくれたＨＳＢＣの同僚として、イングランド銀行元エコノミストのサイモン・ウェルズや、新興国におけるインフレの専門家であり、トルコの洗濯機のエピソードの提供元であるムラート・ウルゲンがいる。ライアン・ワンとジェームズ・ポメロイは、私の賛否両論のある見解の引き立て役になってくれた。元ＨＳＢＣ編集長で、今ではインフレが自身の年金に及ぼす影響にやきもきしているクリス・ブラウン＝ヒュームズは、編集者の目で本書全体を読み通してくれた。

私の目指す先を知っていたかどうかはともかく、私との会話を通じて、間違いなく本書の議論に厚みをつけ加えてくれた人々もいる。ゴールドマン・サックスのチーフグローバル株式ストラテジストのピーター・オッペンハイマーは、高インフレ期において賢明な投資の選択肢を明確化するのに手を貸してくれた。著名な精神分析学者で『吟味された人生

(*The Examined Life*)』(未邦訳)の著者であるスティーヴン・グロシュは、集団思考、委員会の構成、委員長のさまざまな心理的資質について、貴重な知見を与えてくれた。元イングランド銀行副総裁で、今では作家および学者として称賛を浴びているポール・タッカーは、量的緩和(と財政政策の関係)やイングランド銀行の意思決定に関して、素晴らしい助言をくれた。ブルームバーグのコラムニストで、学生時代からの友人でもあるリチャード・クックソンは終始、私にインフレへの警戒心を持たせてくれた。

また、本書の計画段階や最終段階で、何人もの「匿名の評者」からコメントをいただいた。最後の評者が誰なのかは知る由もないが(おおよそ見当はついているが)、経済史への造詣の深さには驚かされた。ほかにも、アイデアを寄せてくれた人々がいる。(古書店シャペロ・レア・ブックスの)バーナード・シャペロは、ヴァイマル共和国のインフレ王について教えてくれた。ロンドン・スクール・オブ・エコノミクス経済学教授で、元イングランド銀行副総裁のチャーリー・ビーンは、財政支配だけでなく「金融部門による支配」の可能性についても話をしてくれた。

クラウディオ・ボリオとヒュン・ソン・シンには、2022年春に開かれた国際決済銀行の民間部門のチーフエコノミストたちによる円卓会議の場で、インフレに関する講演を行う機会をいただき大変感謝している(残念ながら、オンライン講演にはなったが)。この会合は、テイラー・ルールやその他の政策金利の設定方法についての考えをまとめるきっかけになった。毎度のことながら、オックスフォードシャーのディッチリー・パークで開催された年次会議に招待してくれた欧州改革センター（Centre for European Reform）に感謝を申し上げないわけにはいかない。2022年のテーマは戦争、パンデミック、インフレだった。また、英国立経済社会研究所の運営協議会での役割を通じて、英気にあふれるジャジット・チャーダと彼のチームの方々に出会うことができたのは幸運だった。投資会社ヘンダーソン・ユーロトラストの取締役の1人として、私はインフレの不確実性が投資家たちの人生をどれだけ複雑にするかを目の当たりにしてきた。そして、聴衆（もっというと、他のパネリストたち）を納得させられたかどうかはわからないが、2022年11月のプロフェッショナル経済学者協会の年次会議でインフレについて侃侃諤諤の討論ができたのは、楽しい経験だった。

HSBCではここ最近パートタイムで働いているにすぎないが、同銀行のサポートはずっと私の糧になっている。キャスリン・ガーニーは、当初から今回のプロジェクトを応援してくれた。マーク・タッカー、ノエル・クイン、スティーヴ・ジョン、ティム・ロウボトム、パム・カウル、ジョルジュ・エレデリー、スティーヴン・モス、パトリック・ジョージ、シェラード・クーパー＝コールズ、ヘレン・ベロポルスキ、デイヴィッド・メイはいずれも、さまざまな形で力を貸してくれた。特に、私自身ではとうてい不可能な形で、いつも私の仕事面を管理してくれている辛抱強い秘書、デビー・ファルカスにお礼を言いたい。

イェール大学出版局の関係者の方々は、これまでと変わらず、大きな励みになってくれている。担当編集者のジュリアン・ルースは、ずっと私に寄り添い、出版の基準からすれば異常なほどタイトなスケジュールを支えてくれた。フレーザー・マーティン、レイチェル・ロンズデール、ヘザー・ネイサンは、私の人生をずっとラクなものにしてくれている。また、卓越した編集技術を持つクライヴ・リディアード、マーケティングの才能にあふれるルース・キリックにも、深く感謝を述べたい。

最後になってはしまったが、私の最愛の妻イヴォンヌと、3人の娘のヘレナ、オリヴィア、ソフィに感謝したい。娘たちは今ではすっかり立派な大人へと成長したけれど、持続的なインフレの苦しみを体験したことはない。そんな娘たちのためにも、本書がインフレに関する議論の一助となり、過去の政策ミスが繰り返されるリスクを少しでも減らすことを願って。

2023年1月、ロンドンにて

例として、2022年9月22日版はhttps://www.bankofengland.co.uk/monetary-policy-summary-and-minutes/2022/september-2022にある。2008年の“造反者”は、“タカ派”のティム・ベスリー教授と、“ハト派”のデイヴィッド・ブランチフラワー教授だった。

*16. たとえば、G.B. Eggertsson, 'How to fight deflation in a liquidity trap: Committing to being irresponsible', IMF Working Paper WP/03/64, Washington, DC, 2003, https://www.imf.org/external/pubs/ft/wp/2003/wp0364.pdfまたはG.B. Eggertsson and M. Woodford, 'The zero bound on interest rates and optimal monetary policy', Brookings Papers on Economic Activity, 1 (2003), https://www.brookings.edu/wp-content/uploads/2003/01/2003a_bpea_eggertsson.pdfを参照。

*17. 'Chapter 1: Old challenges, new shocks', Bank for International Settlements Annual Economic Report, June 2022, https://www.bis.org/publ/arpdf/ar2022e1.htm

*18. しかし、本書の執筆時点では、金価格は依然として停滞している。つまり、投資家たちはいまだにインフレ率が中期的におとなしくなる、と考えているようだ。

*19. 1970年代中盤のポンド暴落はその典型例。

*20. ペール・ヤコブソンはスウェーデンの経済学者であり、1956年から1963年に死去するまで国際通貨基金(IMF)の専務理事を務めた。両講演はそれぞれ、A.F. Burns, 'The anguish of central banking' (1979)およびP.A. Volcker, 'The triumph of central banking?' (1990)。いずれもhttp://www.perjacobsson.org/lectures.htmにて閲覧可能。

inflationary – and necessary', conservativehome, September 2022, https://conservativehome.com/2022/09/06/gerard-lyons-why-trusss-plans-for-fiscal-easing-are-not-inflationary-but-necessary/

*4. それでも、中央銀行が「最後の貸し手」の役割を果たさなければならない場面はあるだろうが、そうした場面は法則ではなく例外とみなすべきだ。

*5. 'ECB Knowledge & Attitudes Survey 2021', conducted by Kantar Belgium SA, at the request of the European Central Bank, January 2022, https://www.ecb.europa.eu/ecb/access_to_documents/document/pa_document/shared/data/ecb.dr.par2022_0007_knowledge_attitudes_survey2021.en.pdfを参照。

*6. 'Bank of England/Ipsos Inflation Attitudes Survey – August 2022', https://www.bankofengland.co.uk/inflation-attitudes-survey/2022/august-2022を参照。1999年以降のデータを網羅したスプレッドシートはこのページのいちばん下にある。

*7. たとえば、B.S. Bernanke, *21st Century Monetary Policy: The Federal Reserve from the Great Inflation to COVID-19,* Norton, New York, 2022［邦訳：ベン・S・バーナンキ『21世紀の金融政策――大インフレからコロナ危機までの教訓』高遠裕子訳、日本経済新聞出版、2023年］の特に第2章「バーンズとボルカー」を参照。

*8. この方針には巨大なリスクもあった。特に、1984年のコンチネンタル・イリノイ銀行の破綻や、その後の貯蓄貸付組合（S&L）危機がその例だ。国家のインフレを解消すると、本来なら眠っていたはずの金融の弱点が次々と目を覚ますものなのだ。

*9. 将来的に、トラスの実験はミッテランの社会主義政策のイギリス右翼版とみなされるのではないだろうか。

*10. 当時、金融部門の内部で起きていた巨大な構造的変化が、金融政策の調整を複雑にした。

*11. Federal Reserve Press Release, 15 December 2021, https://www.federalreserve.gov/monetarypolicy/files/monetary20211215a1.pdf

*12. 'Bank Rate maintained at 0.1% – September 2021, Monetary Policy Summary and minutes of the Monetary Policy Committee meeting', https://www.bankofengland.co.uk/monetary-policy-summary-and-minutes/2021/september-2021を参照。

*13. 9名の委員のうち、デイヴ・ラムスデンとマイケル・ソーンダースの2人は、資産の買い入れを終了して量的緩和を終了させることに賛成票を投じたが、利上げに賛成した者はゼロだった。

*14. 'A history of FOMC Dissents', Federal Reserve Bank of St Louis, https://www.stlouisfed.org/fomcspeak/history-fomc-dissentsを参照。

*15. 'Monetary Policy Committee Voting History', Bank of Englandを参照。一連の'Monetary Policy Summary'ウェブページ上のリンクからアクセス可能。一

International Monetary Research Annual Public Lecture, November 2021.

*19. 紙幣と硬貨は0パーセントの名目金利が保証されているので、銀行預金に対して大幅なマイナス金利を課すのは難しいし、マイナス金利を長く維持するなどもってのほかだ。限界まで行くと、人々はいっせいに銀行システムから預金を引き出し、システムの崩壊を招くだろう。

*20. 全員がそうだとはいわない。たとえば、イングランド銀行のチーフエコノミストのヒュー・ピルは、2022年9月にクワーテンが「ミニバジェット」政策を発表したあと、緩和的な財政政策がもたらしかねないインフレに対処するため、より積極的な措置を取るべきだと同銀行に警告した。しかし結局、同銀行はその翌日、英国債市場のメルトダウンを防ぐため、大量の国債の買い入れを余儀なくされた。

*21. S. King, 'Bubble trouble', HSBC, London, 1999.

*22. S. Tenreyro, 'Monetary policy during pandemics: Inflation before, during and after Covid-19', Bank of England, April 2020, https://www.bankofengland.co.uk/-/media/boe/files/speech/2020/monetary-policy-during-pandemics.pdf

*23. M. Saunders, 'Covid-19 and monetary policy', Bank of England, May 2020, https://www.bankofengland.co.uk/-/media/boe/files/speech/2020/covid-19-and-monetary-policy-speech-by-michael-saunders.pdf

*24. G. Vlieghe, 'An update on the economic outlook', Bank of England, February 2021, https://www.bankofengland.co.uk/-/media/boe/files/speech/2021/february/an-update-on-the-economic-outlook-speech-by-gertjan-vlieghe.pdf

*25. J. Powell, 'Monetary policy in the time of COVID.' ワイオミング州ジャクソンホールで開催されたカンザスシティ連邦準備銀行主催の経済政策シンポジウム "Macroeconomic Policy in an Uneven Economy" より。https://www.federalreserve.gov/newsevents/speech/powell20210827a.htmを参照。

*26. 中央銀行家たちの態度と、核エネルギーの管理を任されていたソ連当局者の態度には、おぞましい共通点がある。チェルノブイリ原発事故のあと、高官たちはこんな事故が本当に起きたという現実をなかなか信じようとしなかった。

第7章　インフレ14カ条と次のステップ

*1. トラス政権の財政計画の問題の1つは、イングランド銀行の対応に関する不確実性にあった。

*2. 一部の中央銀行は、インフレ率の上昇にともない、量的引き締めに転じた。つまり、バランスシートにある資産を売却し、その過程で流動性を吸収したのだ。しかし、長期的に量的緩和をはっきりと放棄した中央銀行は皆無だ。要するに、新たな経済停滞が訪れれば、量的緩和が復活する可能性もある、ということだ。

*3. G. Lyons, 'Why Truss's plans for fiscal easing are affordable, non-

の需要を増やし、貨幣供給量を押し上げたのだ。さらに、貨幣供給量の伸びは堅調だったにもかかわらず、インフレ率は下落し始めた。

*7. 提唱者のチャールズ・グッドハートの名にちなむグッドハートの法則にこうある。「観察される統計的規則性は、制御の目的で圧力をかけたとたんに崩れてしまう傾向にある」

*8. J.B. Taylor, 'Discretion versus policy rules in practice', *Carnegie-Rochester Conference Series on Public Policy,* 39 (1993), http://web.stanford.edu/~johntayl/Papers/Discretion.PDF

*9. たとえば、S. King, 'The credibility gap', HSBC Research, September 2008, https://www.research.hsbc.com/R/10/VQ3gpj8Qjohf(HSBCのクライアント向け)を参照。

*10. なかには、時間をさかのぼり、ルールがどうあれ、1970年代のインフレが退治しづらいものだったことを明らかにした者もいる。たとえば、L. Benati, 'The "Great Moderation" in the United Kingdom', *Journal of Money, Credit and Banking,* 40:1 (2008)を参照。

*11. たとえば、C. Bean, 'Globalisation and inflation', Speech to the LSE Economics Society, Bank of England, October 2006, https://www.bankofengland.co.uk/-/media/boe/files/speech/2006/globalisation-and-inflationを参照。

*12. J.H. Stock and M.W. Watson, 'Has the business cycle changed and why?', in M. Gertler and K. Rogoff (eds), *NBER Macroeconomics Annual 2002,* Vol. 17, MIT Press, Cambridge, MA, 2002.

*13. このアプローチ(さらには予測の全般的な利用)を擁護した初期の例については、A. Budd, 'Economic policy, with and without forecasts', The Sir Alec Cairncross Lecture, November 1998, https://www.bankofengland.co.uk/-/media/boe/files/speech/1998/economic-policy-with-and-without-forecasts.pdfを参照。

*14. たとえば、L.E.O. Svensson, 'Monetary policy strategies for the Federal Reserve', *International Journal of Central Banking,* February 2020を参照。

*15. 'Taylor Rule utility', Center for Quantitative Economic Research, Federal Reserve Bank of Atlanta, https://www.atlantafed.org/cqer/research/taylor-rule?panel=1を参照。

*16. B. Broadbent, 'Lags, trade-offs and the challenges facing monetary policy.' リーズ大学ビジネススクールでの2021年12月の講演より。https://www.bankofengland.co.uk/-/media/boe/files/speech/2021/december/lags-trade-offs-and-the-challenges-facing-monetary-policy-speech-by-ben-broadbent.pdfを参照。

*17. 2002年5月16日の英国下院財務委員会での証言より。https://committees.parliament.uk/oralevidence/10215/pdf/を参照。

*18. M. King, 'Monetary policy in a world of radical uncertainty', Institute of

の生活水準を守るどころか、むしろ世界じゅうのガス生産国の収益を押し上げるだけだ。そのなかには、悪意のある生産国も含まれるだろう。

*18. ただし、第7章も参照のこと。今日の独立した中央銀行に、1970年代終盤や1980年代初頭の高インフレに対処するだけの政治的権限があったのかどうかは、まったく定かではない。

*19. 2021年以降のインフレの潜在的な要因についての詳しい議論は、R. Reis, 'The burst of high inflation in 2021-22: How and why did we get here?', CEPR Press Discussion Paper No.17514 (2022), https://cepr.org/publications/dp17514を参照。

*20. 予想の"問題点"に関するやや専門的ながらも非常におもしろい概要については、J.B. Rudd, 'Why do we think that inflation expectations matter for inflation? (And should we?)', Finance and Economics Discussion Series, Divisions of Research & Statistics and Monetary Affairs, Federal Reserve Board, Washington, DC, September 2021, https://www.federalreserve.gov/econres/feds/files/2021062pap.pdfを参照。

*21. マンチェスター・ユナイテッドを所有するグレーザー一家は、以前からファンの受けが悪い。このチャントは、2020年1月にオールド・トラッフォードで行われた試合で歌われた。試合は格下チームのバーンリーに対して0-2の負けだった。Daily Star, 23 January 2020, https://www.dailystar.co.uk/sport/football/every-anti-glazer-chant-belted-21342055

第6章　結局、今はインフレなのか

*1. パンデミック後のインフレと第二次世界大戦後の体験の類似性を主張する人々もいる。たとえば、F.S. Mandelman, 'Money aggregates, debt, pent-up demand and inflation: Evidence from WWII', Center for Quantitative Economic Research, Federal Reserve Bank of Atlanta, May 2021, https://www.atlantafed.org/-/media/documents/research/publications/policy-hub/2021/05/17/04-wwii-and-today--monetary-parallels.pdfを参照。

*2. A. Barber, 'Industrial and economic situation' Part of the debate - in the House of Commons, 6 February 1974, https://www.theyworkforyou.com/debates/?id=1974-02-06a.1233.1

*3. Hansard, House of Commons Debates, 26 March 1974, vol. 871, cc282-9, https://api.parliament.uk/historic-hansard/commons/1974/mar/26/the-economic-outlook

*4. 同上。

*5. https://www.theyworkforyou.com/search/?pid=16553&pop=1

*6. たとえば、イギリスは広義の貨幣集計量にこだわった結果(無利子の狭義の貨幣《ナローマネー》と、広義の貨幣《ブロードマネー》に含まれる有利子の預金とのあいだの関係が不安定なため)、直感に反する結果につながった。目標とは正反対なことに、利上げが定期預金

の人々が黙従するはずだ。つまり、政策の選択肢は、ある国のそのときの具体的な状況によって変わるのだ。

*8. 北海油田は、イギリス経済に事実上の棚ぼた利益をもたらした。1979年のイラン革命後に原油価格が倍増してからはいっそうその傾向が強まった。しかし、そのためにはより"利益性"の低い経済活動の分野から資源を転換させる必要があった。為替レートはそれを実現するメカニズムの1つだった。あいにく、それが(特にイングランド中部の)製造業の部分的な破壊につながり、それにともなって失業率の高騰をもたらした。北海油田の石油生産は巨額の資本を要したが、必要な労働者の数は比較的少なかったためだ。

*9. さらに古い例もある。たとえば、ハンムラビ法典には、ディオクレティアヌスの勅令よりも2000年さかのぼる物価統制の証拠がある。

*10. A. Kropff, 'An English translation of the Edict on Maximum Prices, also known as the Price Edict of Diocletian', Academia.edu, April 2016. 死刑以上の厳罰を警告するというのはおもしろい考えだ。

*11. C. Whiteman, 'A new investigation of the impact of wage and price controls', *Federal Reserve Bank of Minneapolis Quarterly Review,* Spring 1978.

*12. これらの問題をめぐる対話については、M. Sandbu, 'Central bankers should think twice before pressing the brake even harder', *Financial Times,* 19 April 2022およびS. King, 'Letter: Policymakers should recall the lessons of the 1970s oil crisis', *Financial Times,* 28 April 2022を参照。それぞれhttps://www.ft.com/content/41c248a2-4d30-4a47-a10c-7e37459e1829およびhttps://www.ft.com/content/8b237789-dcfa-4499-bfb7-f52ac9dc4ad1から閲覧できる(要購読)。

*13. I. Weber, 'Could strategic price controls help fight inflation?', *Guardian,* 29 December 2021, https://www.theguardian.com/business/commentisfree/2021/dec/29/inflation-price-controls-time-we-use-itおよびT.N. Tucker, 'Price controls: How the US has used them and how they can help shape industries', Roosevelt Institute, November 2021, https://rooseveltinstitute.org/wp-content/uploads/2021/11/RI_Industrial-Policy-Price-Controls_Brief-202111.pdfを参照。

*14. S. King, 'Fighting inflation: Are price controls about to make a comeback?', HSBC Global Research, January 2022, https://www.research.hsbc.com/C/1/1/320/qjcVtbbを参照。

*15. H. Rockoff, *Drastic Measures: A history of wage and price controls in the United States,* Cambridge University Press, Cambridge, 1984を参照。

*16. 事実、ロシア産エネルギーに対する中国とインドの需要が増加し続け、ロシアの輸出品の価格と価値が上昇するかぎり、西側諸国の制裁がロシア経済を痛めつける効果は著しく減少した。

*17. 実際、補助金は卸売価格を上昇させることにより、本来恩恵を受けるはずの人々

*14. もっと早くに国を出た者もいる。ローリング・ストーンズのアルバム『メイン・ストリートのならず者』は、その大部分が1971年に南仏の邸宅ヴィラ・ネルコートでレコーディングされた。ビートルズは1966年のアルバム『リボルバー』内の曲「タックスマン」で税金取り《タックスマン》への不満をぶちまけた。

*15. 1978年から1979年の通称「不満の冬」の惨状を見るかぎり、その考えは半分正しかったようだ。

*16. インフレ率の下落自体が、より強力なイギリスの成長の原動力になった。インフレ率の下落にともない、それまでインフレに浸食されていた資産目標を満たすために必要な貯蓄額が減ったため、貯蓄率が下がって消費が上向いたのだ。

*17. 'Bank of England chief under fire for wage restraint call', *Financial Times,* 4 February 2022, https://www.ft.com/content/b661b0cd-2f2b-4465-882e-c62ff19bf1c8（要購読）

第5章　何がインフレ対策の成功と失敗を分けるのか

*1. これは金利のマラドーナ理論の一種だ。2005年のメイズ講演で当時のイングランド銀行総裁のマーヴィン・キングが提唱して有名になった。'Monetary Policy: Practice Ahead of Theory', https://www.bankofengland.co.uk/-/media/boe/files/speech/2005/monetary-policy-practice-ahead-of-theory

*2. A.W. Phillips, 'The relation between unemployment and the rate of change of money wage rates in the United Kingdom, 1861-1957', *Economica,* November 1958, https://onlinelibrary.wiley.com/doi/epdf/10.1111/j.1468-0335.1958.tb00003.xを参照。

*3. すべての国が失業率とインフレ率のあいだのトレードオフ関係に着目していたわけではない。たとえば、イギリスの場合、1960年代終盤の固定為替相場制の世界、国境を越えた資本移動が制限されていた世界における大難問とは、失業率と国際収支のあいだのトレードオフ関係を管理することだった。

*4. M. Friedman, 'The role of monetary policy', *American Economic Review,* 58:1 (1968).

*5. E.S. Phelps, 'Phillips curves, expectations of inflation and optimal unemployment over time', *Economica,* 34:135 (1967).

*6. T. Sargent, 'The ends of four big inflations', in R.E. Hall (ed.), *Inflation: Causes and effects,* University of Chicago Press, Chicago, IL, 1982, https://www.nber.org/system/files/chapters/c11452/c11452.pdfを参照［邦訳：トーマス・J・サージェント『合理的期待とインフレーション』國府田桂一・鹿野嘉昭・榊原健一訳、東洋経済新報社、1988年の第3章に所収の「四大インフレーションの終焉」。以降の引用は、53〜55、96、97ページより。引用にあたり、コロンとピリオドをそれぞれ読点と句点に変更した］。

*7. 新型コロナによるロックダウンの世界と似ている。平時であれば、ロックダウンはまったく受け入れられないだろうが、最悪のパンデミックの最中であれば、大多数

kingdom/を参照。

*4. 2021年以降、予想を上回る高インフレの責任がEUからの離脱になすり付けられたのは、皮肉なものだ。

*5. J.E. Alt, *The Politics of Economic Decline: Economic management and political behaviour in Britain since 1964,* Cambridge University Press, Cambridge, 1979およびJ. Tomlinson, 'British government and popular understanding of inflation in the mid-1970s', *Economic History Review,* 67:3 (2014)を参照。

*6. HMSO, 'Attack on Inflation: A Policy for Survival: A guide to the Government's Programme', Crown Copyright, August 1975, https://wdc.contentdm.oclc.org/digital/collection/tav/id/53

*7. ちなみに、西ドイツのインフレ率はそれぞれ5.6%と3.6%。

*8. 1976年、イギリスの2人の学者が未来を予見するかのごとくこう述べた。「為替レートの下落は金融政策の実施と部分的に関連している、と強く推察される」。R.J. Ball and T. Burns, 'The inflationary mechanism in the U.K. economy', *American Economic Review,* 66:4 (1976)を参照。バーンズ（現在の肩書きは「バーンズ卿、GCB」）は1980年に英大蔵省の主席経済顧問となり、1980年代にマーガレット・サッチャー率いる保守党が採用した代表的な金融フレームワークである「中期財政金融戦略」に直接かかわった。しかし、1970年代中盤当時は、そんな彼でさえ所得政策に見切りをつけられなかった。上述の論文で、ボールとバーンズはこう結論づけている。「所得政策は、共同体が世界の市場に対するわが国の全体的な効率性の水準と矛盾する価格設定を行い、必要な利益率をむしばむのを防ぐのに役立つ。しかも、同じ目的を実現するのに、大量失業を生み出す必要はないのだ」。しかし結局、所得政策は破棄され、大量失業が現実のものとなった。

*9. 電話の順番待ちに対しては別の法則が成り立つ。スーパーのように、自分より先に並んでいる"人数"や稼働中のレジの台数を知るのは難しいからだ。これは非対称情報の典型例であり、企業のほうが顧客よりも真の状態を知るのにずっと有利な立場にある。

*10. R.J. Ball and T. Burns, 'The inflationary mechanism in the U.K. economy', *American Economic Review,* 66:4 (1976).

*11. 1930年代にすべての政府が債務を履行できたわけではない、という点は覚えておくべきだろう。実際、ラテンアメリカ諸国は1930年代に1つ残らずデフォルトした。

*12. J. Banks and S. Tanner, *Household Saving in the UK,* Institute for Fiscal Studies, London, 1999, https://ifs.org.uk/publications/household-saving-uk

*13. 短い期間ながらも2代目ジェームズ・ボンド役を演じたのがジョージ・レーゼンビーだ。デヴィッド・ニーヴンは『カジノ・ロワイヤル』のパロディ版でボンド役を演じた。

*13. たとえば、https://www.ecb.europa.eu/press/pr/date/2022/html/ecb.pr220721~973e6e7273.en.htmlを参照。

*14. 同上。

*15. https://braveneweurope.com/dirk-ehnts-warren-mosler-a-euro-zone-proposal-for-fighting-the-economic-consequences-of-the-coronavirus-crisisを参照。

*16. S. Kelton, *The Deficit Myth: Modern Monetary Theory and the Birth of the Peaple's Economy,* John Murray, London, 2020［邦訳：ステファニー・ケルトン『財政赤字の神話——MMT入門』(ハヤカワ文庫NF) 土方奈美訳、早川書房、2022年、102ページより引用］.

*17. 同110ページより引用。

*18. https://braveneweurope.com/dirk-ehnts-warren-mosler-a-euro-zone-proposal-for-fighting-the-economic-consequences-of-the-coronavirus-crisisを参照。

*19. よく用いられる代替策（または追加策）が配給だ。

*20. どの平和条約なのかは明記されていない。原油価格は1985年に暴落したが、イラン・イラク戦争は1988年の停戦まで続いた。いずれにせよ、インフレ体験は国によってまちまちだったので、金融政策の違いが重要な役割を果たしたことに疑いの余地はない。

*21. S. Kelton, 'There are so many things we could be doing – together – to crush inflation', June 2022, https://stephaniekelton.substack.com/p/catch-me-on-the-mehdi-hasan-show

*22. 同上。

*23. J.M. Keynes, *How to Pay for the War: A radical plan for the chancellor of the Exchequer,* Macmillan and Co. Limited, London, 1940, https://fraser.stlouisfed.org/files/docs/historical/Misc/howtopayforthewar_1940.pdf［邦訳：ケインズ『貨幣改革論 若き日の信条』宮崎義一・中内恒夫訳、中央公論新社、2005年に所収の「戦費調達論——大蔵大臣に対するラディカルな計画案」］

*24. インフレは、たとえば物価上昇に合わせて控除が引き上げられなければ、人々をより高い税率区分へと追いやる働きも持つ。

*25. 耳栓は、船員たちを岩だらけの絶壁へと誘うセイレーンの声が聞こえないようにするためのものだった。

第4章 インフレは「勝ち組」と「負け組」を生む

*1. http://content.time.com/time/covers/0,16641,19230317,00.htmlを参照。

*2. 'The Ruhr', *Time magazine,* 17 March 1923, https://content.time.com/time/subscriber/article/0,33009,715096,00.html

*3. World Inequality Database. 特にhttps://wid.world/country/united-

Archives, https://history.house.gov/Historical-Highlights/1951-2000/The-legislation-placing-%E2%80%9CIn-God-We-Trust%E2%80%9D-on-national-currency/

*3. G.C. Eggleston, *A Rebel's Recollections (1875),* reprinted by Indiana University Press, Bloomington, IN, 1959.

*4. ほかにも変わるものがあるかもしれない。ブラジルのように、太っ腹な物価スライド方式を用いている政府は、インフレ率の上昇からさほど恩恵を受けられない可能性もある。たとえば、物価スライド方式の賃金や年金は、インフレ率に合わせた増額が必要なので、政府財政が受けられるはずのインフレの恩恵が無効になってしまうだろう。この"問題"の最近の例として、イギリス年金の「トリプル・ロック」制度がある。これは、賃金上昇率、物価上昇率、2.5%のうち、最も高い率で年金支払額を増額するという制度だ。

*5. 2011年のテイラーの死後、彼女が生前の希望に従い、(バートンの眠る) ジュネーヴに元夫と並んで埋葬されるとか、(バートンが長年埋葬されていたとされる) ウェールズのポート・タルボット近郊のポートリディフェンに共同埋葬される、という噂が飛び交ったが、結局はロサンゼルスに埋葬された。バートンが亡くなる数日前に書いたという未発表の最後のラブレターとともに。

*6. たとえば、https://www.whitehouse.gov/about-the-white-house/presidents/franklin-d-roosevelt/を参照。

*7. ほかの説明もあった。イギリスの場合、イングランド銀行に預け入れられた市中銀行の預金残高を増やし、貨幣供給量を増加させるため。アメリカの場合、株価を強制的に吊り上げ、資産効果を生み出すため。実際のところ、この"実験"の結果は誰も知る由がなかった。

*8. おもしろいことに、明らかなインフレ率の上昇を背景に、量的緩和政策が逆回転を始めたとたん、債券自警団が復活の兆しを見せた。自警団の行動は、英リズ・トラス政権を短命に追いやる一因となったといえる。

*9. たとえば、'People's inflation expectations are rising – and will be hard to bring down', *The Economist,* June 2022, https://www.economist.com/finance-and-economics/2022/06/19/peoples-inflation-expectations-are-rising-and-will-be-hard-to-bring-downを参照。

*10. ためになる議論については、Office for Budget Responsibility, 'Debt maturity, quantitative easing and interest rate sensitivity', Economic and Fiscal Outlook, March 2021, https://obr.uk/box/debt-maturity-quantitative-easing-and-interest-rate-sensitivity/を参照。

*11. ここで物価水準の財政理論が重要になる。詳しい議論については、J.H. Cochrane, 'The fiscal theory of the price level' (2021), https://static1.squarespace.com/static/5e6033a4ea02d801f37e15bb/t/61b79f3e95fc6559bce8ed34/1639423807095/Fiscal_theory_JEP.pdfを参照。

*12. ドラギがこの有名なスピーチを行ったのは2012年7月23日のこと。

*23. R.L. Spang, *Stuff and Money in the Time of the French Revolution,* Harvard University Press, Cambridge, MA, 2015.

*24. 詳しい議論については、たとえばC.D. Campbell and G. Tullock, 'Hyperinflation in China, 1937-49', *Journal of Political Economy,* 62:236 (1954)を参照。

*25. J.M. Keynes, 'The economic consequences of Mr Churchill' (1925), in E. Johnson and D. Moggridge (eds), *The Collected Writings of John Maynard Keynes,* Vol. IX, *Essays in Persuasion,* Cambridge University Press for the Royal Economic Society, 1978を参照〔ジョン・メイナード・ケインズ『ケインズ説得論集』山岡洋一訳、日本経済新聞出版社、2021年、143ページにある。原注では「チャーチル財務相の経済的帰結（1925年）」のセクションにあるとされているが、正しくは「金融政策の目標の選択（1923年）」と思われる〕。

*26. B. Bernanke and H. James, 'The gold standard, deflation, and financial crisis in the Great Depression: An international comparison' (1991), in B. Bernanke, *Essays on the Great Depression,* Princeton University Press, Princeton, NJ, 2004［邦訳：ベン・S・バーナンキ『大恐慌論』栗原潤・中村亨・三宅敦史訳、日本経済新聞出版社、2013年の第3章に所収の「大恐慌時における金本位制度、デフレーション、そして金融危機：国際比較」］またはB. Eichengreen, *Golden Fetters: The gold standard and the Great Depression 1919-1939* (NBER Series on Long-term Factors in Economic Development), Oxford University Press, New York/Oxford, 1992を参照。

*27. エドワード1世の在位は1272年から1307年まで。「ロングシャンクス（長脛王）」の異名を持つ彼は、身長190センチ近くあり、当時としては異例の長身だった。また、根っからのユダヤ人嫌いでもあり、1290年にはユダヤ人追放令を出してイングランドからユダヤ人を追い出した。ユダヤ人が再びイングランドへと受け入れられるのは、3世紀半後のオリバー・クロムウェル時代になってからのことだ。

*28. 20世紀イギリスにおける貨幣価値の持続的な低下は、具体的にはジョン・メイナード・ケインズが『一般理論』を発表した1936年から始まったという主張もある。しかし、相関関係が必ずしも因果関係を意味するわけではない、という点に注意。

*29. 例外もある。特に、1930年代のデフレと、ごく最近でいえば日本とユーロ圏の緩やかなデフレがそうだ。

第3章　政府は常にインフレの誘惑に負ける

*1. 米ドルは1933年に金本位制を離脱した。第二次世界大戦直後、調整可能な固定為替相場制であるブレトン・ウッズ体制が成立したことにより、金との結び付きが復活したものの、その結び付きも1971年にニクソン大統領によって断ち切られた。

*2. United States House of Representatives, 'The Legislation Placing "In God We Trust" on National Currency', Historical Highlights, History, Art &

お金が消費されず一方的に貯蔵されていく状況のことだ。

*14. M. Friedman and A. Schwartz, *A Monetary History of the United States, 1867-1960,* National Bureau of Economic Research, Cambridge, MA, 1963〔うち1929〜1933年部分についてのみ、ミルトン・フリードマン＆アンナ・シュウォーツ『大収縮1929-1933「米国金融史」第7章』久保恵美子訳、日経BP社、2009年として邦訳がある〕.

*15. 実際のところ、フリードマンの批判は3通りの微妙に異なる議論によって解釈がなされてきた。(i) 貨幣供給量は実体経済の結果になんら影響を及ぼさない。(ii) 影響を及ぼすには及ぼすが、タイムラグが長く、可変的で、正確に予測できないため、その影響を利用しようとしても、経済に不要な変動性をもたらすだけである。(iii) 過剰な貨幣供給量の伸びではなく、外生的ショックによりインフレがもたらされる可能性はあるが、インフレが持続する可能性が高いのは、その後の不適切な通貨拡大によって、そうしたショックが“許容”された場合だけである。

*16. C. Calomiris and J. Mason, 'Consequences of bank distress during the Great Depression', *American Economic Review,* 93:3 (2003)を参照。

*17. 'Remarks by Governor Ben S. Bernanke at the conference to honor Milton Friedman', University of Chicago, Illinois, 8 November 2002, https://www.federalreserve.gov/boarddocs/speeches/2002/20021108/

*18. 一例がS. Pamuk, 'Prices in the Ottoman Empire, 1469-1914', *International Journal of Middle East Studies,* 36 (2004)だ。多くの著者たちと同様、パムクも食品を中心とする限定的なデータに頼らざるをえなかった。情報源としては、(i) 宗教的な財団 (vakif) とその炊き出し所 (imaret)、(ii) トプカプ宮殿の厨房が支払った価格、(iii) 正式な価格上限 (narh)、に関する会計帳簿が含まれた。指数に加味される食品としては、小麦粉、米、動物性脂肪、ハチミツ、マトン、ひよこ豆、オリーブ油があった。食品以外では石鹸、木材、石炭、釘（建設費を反映）など。

*19. F.H. Capie (ed.), *Major Inflations in History,* Edward Elgar, Aldershot, 1991.

*20. 貨幣に対する人々と当局の考え方の違いを示すもう1つのおもしろい例が、第一次湾岸戦争から第二次湾岸戦争までのイラクにある。詳しくは、M. King, *The End of Alchemy: Money, banking and the future of the global economy,* Little, Brown, London, 2016［邦訳：マーヴィン・キング『錬金術の終わり——貨幣、銀行、世界経済の未来』遠藤真美訳、日本経済新聞出版社、2017年］を参照。

*21. “全額”弁済とは、必ずしも資本の返済を意味するわけではなく、政府から恒久的に収入を受け取る約束を表わす場合もある。

*22. そういう意味では、世界金融危機前の債務担保証券の広まりによく似ている。流動的なAAA格付け証券のはずだったが、実際には、その多くが価値の不確かな流動性の低いサブプライム住宅ローンを裏づけにしていた。結局、アッシニア紙幣と同じく、債務担保証券は一気に信認を失うはめになった。

でさえ、インフレは勝ち組と負け組の両方を生み出した、ということだ。

*3. 水銀は銀の生産に欠かせない材料だった。硫化水銀の製錬により、植民地時代、動植物や人間にとって有毒な大量の水銀蒸気が環境中に放出された。たとえば、N. Robins and N. Hagan, 'Mercury production and use in colonial Andean silver production: Emissions and health implications', *Environmental Health Perspectives,* 120:5 (2012)を参照。

*4. このセクションは、O. Volckart, 'Early beginnings of the quantity theory of money and their context in Polish and Prussian monetary policies, c.1520-1550', *Economic History Review,* New Series, 50:3 (1997)に基づく。

*5. 1970年代の一時期、イギリスの硬貨に含まれる銅の価値が硬貨の額面価値を上回ったことがある。すると、拾得物として集められた大量の硬貨を溶かし、経費の一部をまかなってはどうか、とロンドン交通局に提案する者が現われた。おそらく違法だっただろうが。

*6. 現代のポーランド通貨ズウォティ(złoty)は、金貨を表わすドイツやオランダの歴史的な用語であるグルデン（gulden）をポーランド語に直訳したもの。

*7. T. Levenson, *Money for Nothing: The South Sea Bubble and the invention of modern capitalism,* Head of Zeus, London, 2020を参照。

*8. ロックの議論は、3世紀以上あとにマーヴィン・キングが唱えた「クヌート王」理論に似ている。概要は、https://www.theguardian.com/business/2021/nov/23/central-banks-have-king-canute-theory-of-inflation-says-former-governorを参照。

*9. I. Fisher, assisted by H.G. Brown, *The Purchasing Power of Money: Its determination and relation to credit, interest and crisis,* Macmillan, New York, 1911［邦訳：アーヴィング・フイッシャー『貨幣の購買力』金原賢之助・高城仙次郎訳、改造社、1936年］.

*10. これらの問題のより詳しい議論については、たとえばT.M. Humphrey, 'The quantity theory of money: Its historical evolution and role in policy debates', *Federal Reserve Bank of Richmond Economic Review,* May/June 1974, https://core.ac.uk/download/pdf/6917453.pdfを参照。

*11. J. Goldstone, 'Monetary versus velocity interpretations of the "price revolution": A comment', *Journal of Economic History,* 51:1 (1991), pp. 176-181を参照。

*12. 2010年、多数の著名な経済学者らが、当時のFRB議長のベン・バーナンキに宛てて公開書簡を記した（書簡は『ウォール・ストリート・ジャーナル』紙にて公開)。彼らは「計画中の資産買い入れは通貨下落やインフレを招く恐れがある」と訴え、量的緩和の即刻中止を求めた。しかし、彼らの的外れな警告は、その後の出世の妨げにはならなかったようだ。事実、トランプ大統領の指名後、署名人の1人であるデイヴィッド・マルパスは世界銀行総裁に任命された。https://www.wsj.com/articles/BL-REB-12460を参照（要購読)。

*13. ケインズは「流動性の罠」についても心配した。これは、貨幣供給量を増やしても、

* *9. E. de Waal, *The Hare with Amber Eyes: A hidden inheritance,* Vintage, London, 2011［邦訳：エドマンド・ドゥ・ヴァール『琥珀の眼の兎』佐々田雅子訳、早川書房、2011年］.
* *10. たとえば、'Argentina's new, honest inflation statistics: The end of bogus accounting', *The Economist,* 25 May 2017, https://www.economist.com/the-americas/2017/05/25/argentinas-new-honest-inflation-statisticsを参照。
* *11. B. Bernanke, 'The Great Moderation: Remarks at the meetings of the Eastern Economic Association', February 2004, https://www.federalreserve.gov/boarddocs/speeches/2004/20040220/
* *12. 「おそらく」と書いたのは、再統一前の西ドイツと再統一後のドイツを接合する一貫したデータ系列が存在しないためだ。
* *13. 量的緩和にはさまざまな資産購入政策が含まれるが、いずれの場合も、目的は金融資産を買い入れ、企業の資金調達や家庭の消費を促すような形で相対的な物価や利回りを変化させることにある。
* *14. 注11に同じ。
* *15. I. Schnabel, 'The globalisation of inflation', address to a conference organised by the Österreichische Vereinigung für Finanzanalyse und Asset Management, https://www.ecb.europa.eu/press/key/date/2022/html/ecb.sp220511_1~e9ba02e127.en.html
* *16. F. Panetta, 'Normalising monetary policy in non-normal times', policy lecture hosted by the SAFE Policy Center at Goethe University and the Centre for Economic Policy Research, https://www.ecb.europa.eu/press/key/date/2022/html/ecb.sp220525~eef274e856.en.html
* *17. W. Brainard, 'Uncertainty and the effectiveness of policy', *American Economic Review,* 57:2 (1967), Papers and Proceedings of the Seventy-ninth Annual Meeting of the American Economic Association.
* *18. パングロスとは、ヴォルテールの小説『カンディード』に登場する主人公カンディードの家庭教師。それはライプニッツやその信奉者たちの唱える楽天主義に対する遠回しな批判だった。

第2章　インフレは、「予期せぬとき」にやってくる

* *1. D. Paarlberg, *An Analysis and History of Inflation,* Praeger, Westport, CT, 1993を参照。
* *2. 念のために言っておくと、年率に直せばさほどの上昇幅ではない。物価水準が平均年間3.6%ずつ上昇すれば、塵も積もって、長期的に大規模な貨幣の破壊が起きるには十分だ〔$1.036^{150} ≒ 201$なので、本篇にあるとおり、平均年間3.6%ずつの上昇であれば150年間で約200倍（2万%）の物価上昇となる〕。しかし、こうした累積的な影響の感じ方は、人によって大きな差があった。2000年前

Financial Times, 22 February 2022, https://www.ft.com/content/0cd1d666-8842-4c82-8344-07c4e433a408; 'Inflation is a political challenge as well as an economic one', *Financial Times,* 12 July 2022, https://www.ft.com/content/2022df1d-57c5-44a4-93e6-73f5f5274ca8（要購読）を参照。

*7. R. Cookson, 'Brace yourself for a sharp rise in inflation', Bloomberg, November 2020, https://finance.yahoo.com/news/inflation-may-pick-sharply-060002710.html

*8. C. Goodhart and M. Pradhan, *The Great Demographic Reversal: Ageing societies, waning inequality and an inflation revival,* Palgrave Macmillan/Springer Nature, Cham (Switzerland), 2020［邦訳：チャールズ・グッドハート＆マノジ・プラダン『人口大逆転――高齢化、インフレの再来、不平等の縮小』澁谷浩訳、日本経済新聞出版、2022年］.

第１章　インフレが冬眠から目覚める

*1. たとえば、R. Bootle, *The Death of Inflation: Surviving and thriving in the zero era,* Nicholas Brealey Publishing, London, 1996［邦訳：R・ブートル『デフレの恐怖』高橋乗宣監訳、東洋経済新報社、1998年］を参照。

*2. 生産年齢人口の１人当たり所得を見れば、日本の"停滞"はそこまでの停滞とはいえない。日本経済が弱体化したように見える最大の要因は、デフレではなくむしろ高齢化にある。

*3. 1990年代のトルコのインフレ率は平均で年間76%に達した。出典：IMF World Economic Outlook database, April 2022.

*4. たとえば、https://www.thisismoney.co.uk/money/news/article-3240112/Research-shows-Mars-Bars-shrunk-28-1990s-Yorkies-20-1980s.htmlを参照。

*5. A. Smith, *The Wealth of Nations,* ed. A. Skinner, Penguin, London, 1982［邦訳：アダム・スミス『国富論――国の豊かさの本質と原因についての研究』山岡洋一訳、日経BP・日本経済新聞出版、2023年、中巻第４編・第２章・第９段落、118〜119ページより引用］.

*6. K. Arrow and G. Debreu, 'Existence of an equilibrium for a competitive economy', *Econometrica,* 22:3 (1954)を参照。

*7. より詳しい議論については、たとえばhttps://www.ons.gov.uk/economy/inflationandpriceindices/articles/coronaviruscovid19andconsumerpriceinflationweightsandprices/2021を参照。

*8. https://www.cambridge.org/core/books/abs/collected-writings-of-john-maynard-keynes/inflation-1919/840D10594658FB428E59B97CA1EB3AE5を参照［邦訳：ジョン・メイナード・ケインズ『ケインズ説得論集』山岡洋一訳、日本経済新聞出版、2021年、９ページより引用］。

注

はじめに

＊1. 特に、新たなインフレの兆候を受け、遅ればせながらも国債利回りが急上昇し始めた。2022年9月に英リズ・トラス首相とクワシ・クワーテン財務大臣が発表した財源の不明確な財政計画がインフレ率の上昇とポンド安を招くと、2人は窮地に陥った。その結果、国債利回りが急激に高騰したのだ。

＊2. S.D. King, *Grave New World: The end of globalization, the return of history,* revised edition, Yale University Press, London, 2018を参照。

＊3. IMFの世界経済見通し2020年6月改訂版は、インフレリスクについて次のような（典型的な）見解を述べた。「物価上昇率予測は概して下方修正されており、特に2020年と先進国・地域について下方修正幅が大きくなっている。この背景には、経済活動の低下に一次産品価格の下落が重なったことがある。ただし、一部のケースでは、輸入価格に対する為替レート下落の影響によって物価上昇率の低下が部分的に相殺されている。物価上昇率は、経済活動の回復予測と一致する形で、2021年には徐々に上昇すると見られる。しかしながら、物価上昇率の見通しは、総需要が引き続き低迷するとの予想を反映して、低水準にとどまっている」。報告書全文へのリンクは、https://www.imf.org/en/Publications/WEO/Issues/2020/06/24/WEOUpdateJune2020にある〔邦訳は、https://www.imf.org/ja/Publications/WEO/Issues/2020/06/24/WEOUpdateJune2020内のリンク先にある日本語全文より引用した〕。2021年4月の見通しでは、「インフレ圧力は大半の国々で引き続き抑制」と予測されている。

＊4. S. King, 'Despite what central bankers say we're right to worry about inflation', *Evening Standard,* May 2021, https://www.standard.co.uk/comment/comment/despite-central-bankers-right-to-worry-inflation-b935602.htmlを参照。

＊5. たとえば、L. Summers, 'The inflation risk is real', May 2021, http://larrysummers.com/2021/05/24/the-inflation-risk-is-real/またはC. Rugaber, 'Inflation ahead? Even a top economist says it's complicated', AP News, June 2021, https://apnews.com/article/lifestyle-inflation-business-536d99a7a2d7abf8dd735963e57b237f（このなかにファーマンの引用がある）を参照。

＊6. M. Wolf, 'The return of the inflation spectre', *Financial Times,* 26 March 2021, https://www.ft.com/content/6cfb36ca-d3ce-4dd3-b70d-eecc332ba1df; 'As inflation rises, the monetarist dog is having its day',

Times, 22 February 2022, https://www.ft.com/content/0cd1d666-8842-4c82-8344-07c4e433a408(要購読)

Wolf, M., 'Inflation is a political challenge as well as an economic one', *Financial Times,* 12 July 2022, https://www.ft.com/content/2022df1d-57c5-44a4-93e6-73f5f5274ca8(要購読)

Woodford, M., 'Public debt and the price level', Paper prepared for the Bank of England Conference on Government Debt and Monetary Policy, 18–19 June 1998, https://blogs.cuit.columbia.edu/mw2230/files/2017/08/BOE.pdf

Conference Series on Public Policy, 39 (1993), http://web.stanford.edu/~johntayl/Papers/Discretion.PDF
Tenreyro, S., 'Monetary policy during pandemics: Inflation before, during and after Covid-19', Bank of England, April 2020, https://www.bankofengland.co.uk/-/media/boe/files/speech/2020/monetary-policy-during-pandemics.pdf
Time, 'The Ruhr', 17 March 1923, https://content.time.com/time/subscriber/article/0,33009,715096,00.html
Tomlinson, J., 'British government and popular understanding of inflation in the mid-1970s', *Economic History Review,* 67:3 (2014)
Tucker, T.N., 'Price controls: How the US has used them and how they can help shape industries', Roosevelt Institute, November 2021, https://rooseveltinstitute.org/wp-content/uploads/2021/11/RI_Industrial-Policy-Price-Controls_Brief-202111.pdf
United States House of Representatives, 'The Legislation Placing "In God We Trust" on National Currency', Historical Highlights, History, Art & Archives, https://history.house.gov/Historical-Highlights/1951-2000/The-legislation-placing-%E2%80%9CIn-God-We-Trust%E2%80%9D-on-national-currency/
Vlieghe, G., 'An update on the economic outlook', Bank of England, February 2021, https://www.bankofengland.co.uk/-/media/boe/files/speech/2021/february/an-update-on-the-economic-outlook-speech-by-gertjan-vlieghe.pdf
Volckart, O., 'Early beginnings of the quantity theory of money and their context in Polish and Prussian monetary policies, c.1520–1550', *Economic History Review,* New Series, 50:3 (1997)
Volcker, P.A., 'The triumph of central banking?' (1990), http://www.perjacobsson.org/lectures/1990.pdf
Voltaire, F., Candide, or Optimism, trans. T. Cuffe, Penguin Classics, London, 2006［邦訳：ヴォルテール『カンディード』（光文社古典新訳文庫）斉藤悦則訳、光文社、2015年、ほか邦訳書多数］
Weber, I., 'Could strategic price controls help fight inflation?', *Guardian,* 29 December 2021, https://www.theguardian.com/business/commentisfree/2021/dec/29/inflation-price-controls-time-we-use-it
Whiteman, C., 'A new investigation of the impact of wage and price controls', Federal Reserve Bank of Minneapolis Quarterly Review, Spring 1978
Wolf, M., 'The return of the inflation spectre', *Financial Times,* 26 March 2021, https://www.ft.com/content/6cfb36ca-d3ce-4dd3-b70d-eecc332ba1df（要購読）
Wolf, M., 'As inflation rises, the monetarist dog is having its day', *Financial*

here?', CEPR Press Discussion Paper No.17514 (2022), https://cepr.org/publications/dp17514

Rockoff, H., *Drastic Measures: A history of wage and price controls in the United States,* Cambridge University Press, Cambridge, 1984

Rudd, J.B., 'Why do we think that inflation expectations matter for inflation? (And should we?)', Finance and Economics Discussion Series, Divisions of Research & Statistics and Monetary Affairs, Federal Reserve Board, Washington, DC, September 2021, https://www.federalreserve.gov/econres/feds/files/2021062pap.pdf

Rugaber, C., 'Inflation ahead? Even a top economist says it's complicated', AP News, June 2021, https://apnews.com/article/lifestyle-inflation-business-536d99a7a2d7abf8dd735963e57b237f

Sandbu, M., 'Central bankers should think twice before pressing the brake even harder', *Financial Times,* 19 April 2022, https://www.ft.com/content/41c248a2-4d30-4a47-a10c-7e37459e1829（要購読）

Sargent, T., 'The ends of four big inflations', in R.E. Hall (ed.), *Inflation: Causes and effects,* University of Chicago Press, Chicago, IL, 1982, https://www.nber.org/system/files/chapters/c11452/c11452.pdf［邦訳：トーマス・J・サージェント『合理的期待とインフレーション』國府田桂一・鹿野嘉昭・榊原健一訳、東洋経済新報社、1988年の第3章に所収の「四大インフレーションの終焉」］

Saunders, M., 'Covid-19 and monetary policy', Bank of England, May 2020, https://www.bankofengland.co.uk/-/media/boe/files/speech/2020/covid-19-and-monetary-policy-speech-by-michael-saunders.pdf

Schnabel, I., 'The globalisation of inflation', address to a conference organised by the Österreichische Vereinigung für Finanzanalyse und Asset Management, https://www.ecb.europa.eu/press/key/date/2022/html/ecb.sp220511_1~c9ba02c127.en.html

Smith, A., *The Wealth of Nations,* ed. A. Skinner, Penguin Classics, London, 1982［邦訳：アダム・スミス『国富論』（全4巻）水田洋監訳・杉山忠平訳、岩波書店、2000〜2001年、ほか邦訳書多数］

Spang, R.L., *Stuff and Money in the Time of the French Revolution,* Harvard University Press, Cambridge, MA, 2015

Stock, J.H. and M.W. Watson, 'Has the business cycle changed and why?', in M. Gertler and K. Rogoff (eds), *NBER Macroeconomics Annual 2002,* Vol. 17, MIT Press, Cambridge, MA, 2002

Summers, L., 'The inflation risk is real', May 2021, http://larrysummers.com/2021/05/24/the-inflation-risk-is-real/

Svensson, L.E.O., 'Monetary policy strategies for the Federal Reserve', International Journal of Central Banking, February 2020

Taylor, J.B., 'Discretion versus policy rules in practice', Carnegie-Rockester

crisis', *Financial Times,* 28 April 2022, https://www.ft.com/content/8b237789-dcfa-4499-bfb7-f52ac9dc4ad1（要購読）
Kropff, A., 'An English translation of the Edict on Maximum Prices, also known as the Price Edict of Diocletian', Academia.edu, April 2016
Levenson, T., *Money for Nothing: The South Sea Bubble and the invention of modern capitalism,* Head of Zeus, London, 2020
Lyons, G., 'Why Truss's plans for fiscal easing are affordable, non-inflationary – and necessary', conservativehome, September 2022, https://conservativehome.com/2022/09/06/gerard-lyons-why-trusss-plans-for-fiscal-easing-are-not-inflationary-but-necessary/
Mandelman, F.S., 'Money aggregates, debt, pent-up demand, and inflation: Evidence from WWII', Center for Quantitative Economic Research, Federal Reserve Bank of Atlanta, May 2021, https://www.atlantafed.org/-/media/documents/research/publications/policy-hub/2021/05/17/04-wwii-and-today--monetary-parallels.pdf
Office for Budget Responsibility, 'Debt maturity, quantitative easing and interest rate sensitivity', Economic and Fiscal Outlook, March 2021, https://obr.uk/box/debt-maturity-quantitative-easing-and-interest-rate-sensitivity/
Paarlberg, D., *An Analysis and History of Inflation.* Westport, CT; Praeger, 1993
Pamuk, S., 'Prices in the Ottoman Empire, 1469–1914', *International Journal of Middle East Studies,* 36 (2004)
Panetta, F., 'Normalising monetary policy in non-normal times', policy lecture hosted by the SAFE Policy Center at Goethe University and the Centre for Economic Policy Research, https://www.ecb.europa.eu/press/key/date/2022/html/ecb.sp220525~eef274e856.en.html
Phelps, E.S., 'Phillips curves, expectations of inflation and optimal unemployment over time', *Economica,* 34:135 (1967)
Phillips, A.W., 'The relation between unemployment and the rate of change of money wage rates in the United Kingdom, 1861–1957', *Economica,* November 1958, https://onlinelibrary.wiley.com/doi/epdf/10.1111/j.1468-0335.1958.tb00003.x
Powell, J., 'Monetary policy in the time of COVID.' ワイオミング州ジャクソンホールで開催されたカンザスシティ連邦準備銀行主催の経済政策シンポジウム"Macroeconomic Policy in an Uneven Economy"より。https://www.federalreserve.gov/newsevents/speech/powell20210827a.htmを参照。
Robins, N. and N. Hagan, 'Mercury production and use in colonial Andean silver production: Emissions and health implications', *Environmental Health Perspectives,* 120:5 (2012)
Reis, R., 'The burst of high inflation in 2021-22: How and why did we get

on-the-mehdi-hasan-show
Keynes, J.M., ‘Inflation’ (1919), in E. Johnson and D. Moggridge (eds), *The Collected Writings of John Maynard Keynes, Vol. IX, Essays in Persuasion,* Cambridge University Press for the Royal Economic Society, 1978［邦訳：ジョン・メイナード・ケインズ『ケインズ説得論集』山岡洋一訳、日本経済新聞出版、2021年、9〜11ページに所収の「インフレーション（1919年）」］
Keynes, J.M., ‘The economic consequences of Mr Churchill’ (1925), in E. Johnson and D. Moggridge (eds), *The Collected Writings of John Maynard Keynes, Vol. IX, Essays in Persuasion,* Cambridge University Press for the Royal Economic Society, 1978［邦訳：ジョン・メイナード・ケインズ『ケインズ説得論集』山岡洋一訳、日本経済新聞出版、2021年、156〜187ページに所収の「チャーチル財務相の経済的帰結（1925年）」］
Keynes, J.M., *How to Pay for the War: A radical plan for the chancellor of the Exchequer,* Macmillan and Co., Limited, London, 1940, https://fraser.stlouisfed.org/files/docs/historical/Misc/howtopayforthewar_1940.pdf［邦訳：ケインズ『貨幣改革論 若き日の信条』宮崎義一・中内恒夫訳、中央公論新社、2005年に所収の「戦費調達論——大蔵大臣に対するラディカルな計画案」］
King, M., ‘Monetary Policy: Practice Ahead of Theory’, Mais Lecture, 2005, https://www.bankofengland.co.uk/-/media/boe/files/speech/2005/monetary-policy-practice-ahead-of-theory
King, M., *The End of Alchemy: Money, banking and the future of the global economy,* Little, Brown, London, 2016［邦訳：マーヴィン・キング『錬金術の終わり——貨幣、銀行、世界経済の未来』遠藤真美訳、日本経済新聞出版、2017年］
King, M., ‘Monetary policy in a world of radical uncertainty’, Institute of International Monetary Research Annual Public Lecture London, November 2021
King, S.D., ‘Bubble trouble’, HSBC, London, 1999
King, S.D., ‘The credibility gap’, HSBC Research, September 2008, https://www.research.hsbc.com/R/10/VQ3gpj8Qjohf（HSBCのクライアント向け）
King, S.D., *Grave New World: The end of globalization, the return of history,* revised edition, Yale University Press, London, 2018
King, S.D., ‘Despite what central bankers say we’re right to worry about inflation’, Evening Standard, May 2021, https://www.standard.co.uk/comment/comment/despite-central-bankers-right-to-worry-inflation-b935602.html
King, S.D., ‘Fighting inflation: Are price controls about to make a comeback?’, HSBC Global Research, January 2022, https://www.research.hsbc.com/C/1/1/320/qjcVtbb
King, S.D., ‘Letter: Policymakers should recall the lessons of the 1970s oil

(2003), https://www.brookings.edu/wp-content/uploads/2003/01/2003a_bpea_eggertsson.pdf

Eggleston, G.C., *A Rebel's Recollections* (1875), reprinted by Indiana University Press, Bloomington, IN, 1959

Eichengreen, B., *Golden Fetters: The gold standard and the Great Depression 1919–1939* (NBER Series on Long-term Factors in Economic Development), Oxford University Press, New York/Oxford, 1992

Figura, A. and C. Waller, 'What does the Beveridge curve tell us about the likelihood of a soft landing?', FEDS Notes, Board of Governors of the Federal Reserve System, 29 July 2022, https://www.federalreserve.gov/econres/notes/feds-notes/what-does-the-beveridge-curve-tell-us-about-the-likelihood-of-a-soft-landing-20220729.html

Fisher, I., assisted by H.G. Brown, *The Purchasing Power of Money: Its determination and relation to credit, interest and crisis,* Macmillan, New York, 1911［邦訳：アーヴィング・フイッシャー『貨幣の購買力』金原賢之助・高城仙次郎訳、改造社、1936年］

Friedman, M., 'The role of monetary policy', *American Economic Review,* 58:1 (1968)

Friedman, M. and A. Schwartz, *A Monetary History of the United States, 1867–1960,* National Bureau of Economic Research, Cambridge, MA, 1963

Goldstone, J., 'Monetary versus velocity interpretations of the "price revolution": A comment', *Journal of Economic History,* 51:1 (1991), pp. 176–181

Goodhart, C. and M. Pradhan, *The Great Demographic Reversal: Ageing societies, waning inequality, and an inflation revival,* Palgrave Macmillan/Springer Nature, Cham (Switzerland), 2020［邦訳：チャールズ・グッドハート&マノジ・プラダン『人口大逆転——高齢化、インフレの再来、不平等の縮小』澁谷浩訳、日本経済新聞出版、2022年］

Her Majesty's Stationery Office (HMSO), 'Attack on Inflation: A Policy for Survival: A guide to the Government's Programme', Crown Copyright, August 1975, https://wdc.contentdm.oclc.org/digital/collection/tav/id/53

Humphrey, T.M, 'The quantity theory of money: Its historical evolution and role in policy debates', Federal Reserve Bank of Richmond Economic Review, May/June 1974, https://core.ac.uk/download/pdf/6917453.pdf

Kelton, S., *The Deficit Myth: Modern Monetary Theory and the Birth of the People's Economy,* John Murray, London, 2020［邦訳：ステファニー・ケルトン『財政赤字の神話——MMT入門』（ハヤカワ文庫NF）土方奈美訳、早川書房、2022年］

Kelton, S., 'There are so many things we could be doing – together – to crush inflation', June 2022, https://stephaniekelton.substack.com/p/catch-me-

default/files/documents/pb22-7.pdf
Bootle, R., *The Death of Inflation: Surviving and thriving in the zero era,* Nicholas Brealey Publishing, London, 1996［邦訳：R・ブートル『デフレの恐怖』高橋乗宣監訳、東洋経済新報社、1998年］
Brainard, W., 'Uncertainty and the effectiveness of policy', *American Economic Review,* 57:2 (1967), Papers and Proceedings of the Seventy-ninth Annual Meeting of the American Economic Association
Broadbent, B., 'Lags, trade-offs and the challenges facing monetary policy', リーズ大学ビジネススクールでの2021年12月の講演より。https://www.bankofengland.co.uk/-/media/boe/files/speech/2021/december/lags-trade-offs-and-the-challenges-facing-monetary-policy-speech-by-ben-broadbent.pdfを参照。
Budd, A., 'Economic policy, with and without forecasts', The Sir Alec Cairncross Lecture, November 1998, https://www.bankofengland.co.uk/-/media/boe/files/speech/1998/economic-policy-with-and-without-forecasts.pdf
Burns, A.F., 'The anguish of central banking' (1979), http://www.perjacobsson.org/lectures/1979.pdf
Calomiris, C. and J. Mason, 'Consequences of bank distress during the Great Depression', *American Economic Review,* 93:3 (2003)
Campbell, C.D. and G. Tullock, 'Hyperinflation in China, 1937–49', *Journal of Political Economy,* 62:236 (1954)
Capie, F.H. (ed.), *Major Inflations in History,* Edward Elgar, Aldershot, 1991
Congdon, T., 'Letter: Let's revive the seventies habit of targeting the money supply', *Financial Times,* 8 March 2021, https://www.ft.com/content/ff9b7393-f6ed-4b05-8873-1fe197181ba0（要購読）
Cookson, R., 'Brace yourself for a sharp rise in inflation', Bloomberg, November 2020, https://finance.yahoo.com/news/inflation-may-pick-sharply-060002710.html
De Waal, E., *The Hare with Amber Eyes: A hidden inheritance,* Vintage, London, 2011［邦訳：エドマンド・ドゥ・ヴァール『琥珀の眼の兎』佐々田雅子訳、早川書房、2011年］
The Economist, 'Argentina's new, honest inflation statistics: The end of bogus accounting', 25 May 2017, https://www.economist.com/the-americas/2017/05/25/argentinas-new-honest-inflation-statistics
Eggertsson, G.B., 'How to fight deflation in a liquidity trap: Committing to being irresponsible', IMF Working Paper WP/03/64, Washington, DC, 2003, https://www.imf.org/external/pubs/ft/wp/2003/wp0364.pdf
Eggertsson, G.B. and M. Woodford, 'The zero bound on interest rates and optimal monetary policy', Brookings Papers on Economic Activity, 1

参考文献

Alt, J.E., *The Politics of Economic Decline: Economic management and political behaviour in Britain since 1964,* Cambridge University Press, Cambridge, 1979

Arrow, K. and G. Debreu, 'Existence of an equilibrium for a competitive economy', *Econometrica,* 22:3 (1954)

Ball, R.J. and T. Burns, 'The inflationary mechanism in the U.K. economy', *American Economic Review,* 66:4 (1976)

Banks, J. and S. Tanner, Household Saving in the UK, Institute for Fiscal Studies, London, 1999, https://ifs.org.uk/publications/household-saving-uk

Bean, C., 'Globalisation and inflation', Speech to the LSE Economics Society, Bank of England, October 2006, https://www.bankofengland.co.uk/-/media/boe/files/speech/2006/globalisation-and-inflation

Benati, L., 'The "Great Moderation" in the United Kingdom', *Journal of Money, Credit and Banking,* 40:1 (2008).

Bernanke, B., 'Remarks by Governor Ben S. Bernanke at the conference to honor Milton Friedman', University of Chicago, Chicago Illinois, 8 November 2002, https://www.federalreserve.gov/boarddocs/speeches/2002/20021108/

Bernanke, B., 'The Great Moderation: Remarks at the meetings of the Eastern Economic Association', February 2004, https://www.federalreserve.gov/boarddocs/speeches/2004/20040220/

Bernanke, B., *21st Century Monetary Policy: The Federal Reserve from the Great Inflation to COVID-19,* Norton, New York, 2022［邦訳：ベン・S・バーナンキ『21世紀の金融政策——大インフレからコロナ危機までの教訓』高遠裕子訳、日本経済新聞出版、2023年］

Bernanke, B. and H. James, 'The gold standard, deflation, and financial crisis in the Great Depression: An international comparison' (1991), in B. Bernanke, *Essays on the Great Depression,* Princeton University Press, Princeton, NJ, 2004［邦訳：ベン・S・バーナンキ『大恐慌論』栗原潤・中村亨・三宅敦史訳、日本経済新聞出版、2013年の第3章に所収の「大恐慌時における金本位制度、デフレーション、そして金融危機：国際比較」］

Blanchard, O., A. Domash and L. Summers, 'Bad news for the Fed from the Beveridge space', Policy Brief, Peterson Institute for International Economics, Washington, DC, July 2002, https://www.piie.com/sites/

［著者］
スティーヴン・D・キング（Stephen D. King）
イギリスの経済学者、作家、HSBC上級経済顧問。『ロンドン・イブニング・スタンダード』紙で定期的にコラムを執筆しているほか、世界中の新聞や雑誌に寄稿し、テレビやラジオの出演歴多数。イギリス下院財務委員会の特別顧問を務める。国立経済社会研究所の経営評議会のメンバーであり、ヘンダーソン・ユーロトラストの取締役を務めている。著書に*Grave New World*（未邦訳、フィナンシャル・タイムズ&マッキンゼー「ビジネスブック・オブ・ザ・イヤー2017」ノミネート）など。

［訳者］
千葉敏生（ちば・としお）
翻訳家。訳書にタレブ『反脆弱性』（ダイヤモンド社、2017）、ホワイト『キッチンの悪魔』（みすず書房、2019）、バーネット&エヴァンス『スタンフォード式人生デザイン講座　仕事篇』（早川書房、2022）、ミラー『半導体戦争』（ダイヤモンド社、2023）ほか。

僕たちはまだ、インフレのことを何も知らない
――デフレしか経験していない人のための物価上昇2000年史

2024年3月5日　第1刷発行
2024年7月31日　第2刷発行

著　者――――スティーヴン・D・キング
訳　者――――千葉敏生
発行所――――ダイヤモンド社
〒150-8409　東京都渋谷区神宮前6-12-17
https://www.diamond.co.jp/
電話／03-5778-7233（編集）　03-5778-7240（販売）

カバーデザイン―小口翔平＋嵩あかり（tobufune）
本文デザイン――須貝美咲（tobufune）
DTP――――――一企画
校正――――――加藤義廣（小柳商店）
編集協力――――佐藤一光（東京経済大学）
製作進行――――ダイヤモンド・グラフィック社
印刷――――――堀内印刷所（本文）・新藤慶昌堂（カバー）
製本――――――ブックアート
編集担当――――上村晃大

©2024 Toshio Chiba
ISBN 978-4-478-11863-4
落丁・乱丁本はお手数ですが小社営業局宛にお送りください。送料小社負担にてお取替えいたします。但し、古書店で購入されたものについてはお取替えできません。
無断転載・複製を禁ず
Printed in Japan